自分らしくはたらく

個を生かすベンチャーという選択

リスナーズ株式会社
代表取締役
垣畑光哉

ダイヤモンド社

はじめに

国内外300社のベンチャー経営者を取材してわかったこと

この本を手に取っていただきありがとうございます。私は人の話を聴いてストーリーにする、つまり「取材・執筆」をサービスの中心に位置づけた『リスナーズ』という会社の代表をしています。元々、広告の仕事に携わっていた私が現在のスタイルへとシフトしていったのは、幸運にも、魅力的なベンチャー経営者と接する機会が非常に多く、彼らの「ストーリー」を1人でも多くの人に届けたいと思ったからでした。

実は当初、ベンチャー経営者の取材を始めるにあたり、ちょっとした懸念がありました。「成長」や「変革」を志向するのが〝ベンチャー企業〟だとしたら、経営者のメッセージはどれも似通ってしまわないだろうか――という点です。

周囲からもそんな声が聞かれましたが、結論から言ってしまえば、それはまったくの杞憂でした。多くのベンチャー企業が世の中の課題解決や現状否定を起点にしている以上、いくつか共通の思想はあるものの、その生い立ちや目指すゴール、強みや差別化要因、あるいは経営者自身の魅力など、３００社あれば３００通りのストーリーがあったのです。

そんな個性豊かなベンチャー企業の取材は、いつも驚きと気づき、そして笑いと涙に満ちあふれたものです。そして、日々経営課題と向き合いながらも極めてポジティブに、そしてしぶとく生き抜いている経営者たちの話は、どんなビジネススクールよりも私たちに生きる術を学ばせてくれます。


この本の取材で新しい発見もありました。ベンチャーとは、その存在自体が個性的なだけではなく、そこで働く人々の個性も、大いに許容されるカルチャーがあるという点です。レガシーな大企業で働くことを考えてみると、そこでは金太郎飴的とは言わないまでも、在るべき人物像のようなものが存在していて、社員である「個」はその会社なりに標準化されがちです。

しかし、自由闊達が身上のベンチャー企業であれば、個性は歓迎され、ゴールの目指し方にも自由な裁量が与えられていることが多いものです。場合によっては、その人の個性に会社が染まっていくことさえあるでしょう。ただしベンチャーは、合うか合わないかがとてもはっきりしています。だから、自分の個性に合っていることを見極めることがとても重要なのです。

これからの会社選びには「ストーリー」が重要

このように、私がこれまでに取材してきたベンチャー企業は、その事業内容やビジネスモデルはもちろん、事業フェーズや規模感、差別化ポイントなど、実にバラエティー豊かで、それぞれに強い個性があります。もちろん会社の個性というのは大企業にもありますが、ベンチャー企業に比べれば、希薄化してしまうのは否めません。

ファッションに例えるなら、全国どこでも買えるナショナルブランドのファストファッションと、恵比寿や代官山、裏原などで売られているエッジのきいた限定モノとの違いといったところでしょうか。かたや、大量生産で安価、どこでも安定した品質のものが買える安心感のある服。対して少量生産、もしくは一点ものというレアさ、そして服のデザイナーと店舗で話し込んで、その服の哲学を理解した上で着こなすという喜び。もちろん個性の強い服ですから、好みもはっきりするし、ひょっとすると粗悪品もあるかもしれません。でもそれが自分の感性にフィットすれば、ファストファッションでは絶対に得られない充実感を手にすることができます。なぜならエッジのきいたブランドの服には、一枚一枚のストーリーがあるのですから。
自分に合ったベンチャー企業を探すというのは、まさにそんなことだと思います。強固なビジョンやカルチャーのもとに一枚岩となって邁進するベンチャー企業にもそれぞれのストーリーがあり、それが自分に合うものであれば、そこで働く時間はもちろんのこと、ひいては人生そのものまでも豊かにしてくれるでしょう。

世界中を見回してみても、新しい時代を切り拓く企業のトップは飛び抜けたストーリーを持った個性の塊です。人と同じことをしていては、イノベーションは生まれないのです。
新卒だけではなく、他の会社では通用しないといわれた人がベンチャー企業で大活躍をする話は枚挙にいとまがありません。それこそがベンチャーの存在意義であり、ベンチャーを選ぶ価値ではないでしょうか。

この本にはそれぞれのベンチャーの彩りにあふれたストーリーが詰まっています。あなたはどんな場所で自分の個性を花開かせますか。その答えが見つかることを心よりお祈りしています。

２０１６年４月

リスナーズ株式会社
代表取締役　垣畑 光哉

インタビュー　垣畑 光哉（リスナーズ株式会社）
ライティング　小井沼玉樹
久保田雄城
藤巻史
桐島満希
三穂野希美子
高間裕子
写真　田中振一
加藤武美
黒崎彰
ヘアメイク　長田恵子
美玲（アクロシェ・クール）
松葉由華（アクロシェ・クール）
鶴岡美代子（アクロシェ・クール）
編集協力　平泉佑真（リスナーズ株式会社）
佐藤早希（リスナーズ株式会社）
種市佳子

C Channel株式会社

代表取締役

森川 亮

Akira Morikawa

1967年、神奈川県生まれ。1989年筑波大学卒業後、日本テレビ放送網株式会社へ入社。1999年、青山学院大学大学院国際政治経済学研究科修士課程を修了しMBA取得。その後ソニー株式会社に入社。2003年、ハンゲームジャパン株式会社に入社、取締役を経て、2006年10月、取締役副社長に就任。2007年10月、NHN Japan株式会社(ハンゲームジャパンより商号変更)代表取締役社長に就任。同年11月、ネイバージャパン株式会社設立に伴い、ネイバージャパン代表取締役社長を兼務。2013年4月、NHN Japan株式会社の商号変更により、LINE株式会社代表取締役社長に就任。2015年3月、同社代表取締役社長を退任。同年4月、C Channel株式会社代表取締役に就任し、現在に至る。

CONTACT

東京都渋谷区神宮前 3-28-9
https://www.cchan.tv/

ビジネスは突き詰めれば社会貢献。人に長く愛される仕事を具現化しよう

日本発のメディアプラットフォームを目指す

子供の頃から大学まで、一貫して私の周りにあったのは音楽でした。親に勧められた合唱団のオーディションに合格したのがきっかけで、音楽にのめりこむようになったのです。声変わりを機にドラムへ転向。中学高校と吹奏楽部で、大学ではプロを目指して、ジャズバンドでドラムの練習を重ねていました。

音楽はスポーツと違って、誰とも戦いません。一生懸命に練習をした結果、自分たちの音楽が聞く人を喜ばせることで、自分たちもハッピーになれる。そんな音楽が大好きになりました。私が「ビジネスは戦いではない。社会貢献だ」と考えるようになった原点は〝音楽〟にあるのかもしれません。

大学でコンピューターを勉強したのも、シンセサイザーとか打ち込み系の音楽を極めたいと思ったからです。でも、コンピューター自体はあまり好きになれなくて、就活は理系ではない方向を目指しました。音楽番組に関わりたいと、ミキサー志望で受けた日本テレビに運よく内定しました。

ところがそこで配属されたのは、好きになれなくて避けたはずのコンピューター関連の部署。その時「会社を辞めようかな」と思いながらも、コンピューターにまじめに取り組んだことが、その後のビジネスに生きることになりました。

ＬＩＮＥの社長を退任後、設立した『Ｃ Ｃｈａｎｎｅｌ』は「女性向けの動画ファッション雑誌」です。ファッション、ヘアメイク、コスメ、グルメ、旅などの情報を、クリッパーと呼ばれる女性たちがスマホで1分以内の動画を録画・編集し、リアルタイムでアップしています。クリッパーは日本のほか、ニューヨーク、ソウル、台北、シンガポール、バンコク、ジャカルタ、ホーチミン、北京、ドバイなど、海外も含めて、すでに１５０人ほどが活動しています。

彼女たちが行きたい場所やお店を、自腹で訪ねて紹介するというのもポイントです。そうすると自然と地元の人しか知らないような穴場や、安くておいしいお店などを紹介してくれます。ブロガーに代わる流行に影響を及ぼす人（＝インフルエンサー）がクリッパー、という仕掛けを作りたいのです。クリッパー以外にも、ファッション誌や女性向けサイトなどと提携したチャンネルを増やしています。オリジナルのラインとしては、ほかに世界的なブームになりつつある料理のレシピ動画やヘアメイク動画の配信、記者会見をスマホで撮影したニュース動画の配信なども始めています。

一般の方の投稿の機能も設けました。そこではペットとか季節の行事の動画などのコンテストも行っています。世界中の美しい景色など、男女関係なく動画が集まってくるようにしたいと思っています。そして検索しなくても、自分の見たい動画が優先的に表示されるような、リコメンド機能の強化も目指しています。

お金儲けというよりも、社会貢献に近いかもしれません。こだわっているのは〝日本発〟ということ。メディア産業が大きく変わろうとする中で、このままでは外資のメディアが日本を席巻してしまいかねません。やはり日本発のメディアで情報を発信していかないと、日本の情報を正確に伝えるのは難しいと思います。そういうメディアプラットフォームを作って、日本の情報を広げるお手伝いができればと思っています。

再生数は開始半年で月３５００万を超えました。世界的には月1億を超えると、存在感のあるサービスと言われます。２０１６年の早い時期に、それを目指します。

自社メディアのブランディングには、まだ時間がかかりそうなので、まずはfacebook、

twitter、YouTubeといった外部のプラットフォームやテレビの地上波、紙媒体も含めて、トータルでブランドを作っていくのが目標です。さまざまなところでC Channel発の情報が目に入るようになればいいなと思っています。

大企業でデジタル黎明期を経験し、ベンチャーに挑戦

日本テレビに入社当時は、コンピューター関連部署と言っても、まだインターネットもデジタルという言葉もなかった時代。担当したのは選挙速報の仕組みや視聴率の分析といった、テレビ番組の支援でした。6年経って辞表を出したのですが、成果を出していたこともあり、「好きなことをやっていいから」と慰留され、新規事業の部署に異動することになりました。

そこではインターネット事業、衛星放送、海外展開など一通り経験し、それなりに結果を出しましたが、当時のTV局にとっては地上波がメイン。それ以外はほとんど重要視されないという状況は変わらず、「もっと積極的に新規事業を展開できる環境を」と考えソニーに転職しました。

ソニーではテレビやオーディオをネットにつなげる部署に配属されました。まだiPo

dもカメラ付き携帯もない時代に、最初に手掛けた事業は、音楽プレーヤー兼カメラ付き携帯で、女性向けのピンク色のヨコ型端末。まだソフトエンジニアがほとんどいなかった社内で、ネットとハードをつなぐような提案が相当叩かれた末、社長交代に絡む社内政治の影響で、あっけなくプロジェクトはお取り潰しになりました。

次に移ったのはネット専用のカンパニーで、そこでジョイントベンチャーを立ち上げました。動画配信の事業が主で、韓流ドラマのブームは、その部署の仲間が配信した『秋の童話』というドラマが火付け役です。私自身は横浜ベイスターズの野球中継や、パックンマックンのマックンを起用した英語企画、アスキーと組んだインターネットラジオなど、いろいろな事業を仕掛けました。

私たちの部署はうまくいっていたのですが、ソニー全体の業績が悪くなってきて、ネット事業はムダではないかという空気が漂います。次第に閉鎖された周りの部署にいた人々が私たちの部署に出向するようになってきました。彼らはそれなりに肩書を持っているので、いろいろ口を出すわけです。そこで「大企業で成果を出しても、あまり報われない。それならベンチャーで苦労したほうが、意味がある」と考え、NHN JAPAN（現LINE）に移りました。

LINEでの話は拙著『シンプルに考える』（ダイヤモンド社）に詳しく書きましたが、

当時まだ社員30人くらい、しかも赤字のベンチャー企業をなぜ選んだか。その理由を一言で言うと、これからはブロードバンドの時代が来ると確信していたからです。

成長分野に身を置く限り、ビジネスにマイナスはない

「どうしたら、そんなにアイデアが浮かぶのですか?」という質問をよくされますが、私は常に「既に世の中にあるものを、私たちがやったらもう少し良くなるのでは?」という視点で捉えています。

例えば私は20代の頃、周りから〝歩くぴあマップ〟と呼ばれるほどお店に詳しくて、いつも街をスキャンするような感覚で「この通りにはこういう店があって、こういう人が歩いていて」みたいなことに興味がありました。そしてそこに変化があると、その先には何があるのか。そういう想像をよくしていました。私は常に世界中の新しいビジネスを追いかけていましたが、「この先何が来るのか?」を考えたり、時代の最先端にいたりするのが好きなのだと思います。

今、母校の筑波大学で起業の授業を担当していて、若者と接する機会も多いのですが、残念ながら若い人たちの意識の中で、未来が暗く見えていて、挑戦するよりは守りに入っ

たほうがいいのでは、というムードも感じます。

「新しいイノベーションで、これから日本を元気にするのはどういう会社ですか？」と聞くと、ほぼ100％がベンチャー企業に手を挙げます。「では自分が就職したい会社は？」という質問には、今度はほぼ100％が大企業と答えます。私はそこに大きな矛盾を感じていて、「あなたたちは日本を変えたくないのですか？」というような話をよくします。

私自身は常に新規事業を手掛けてきたので、生き方も新規事業志向みたいなところがあるのかもしれません。目指したのは、より成長事業で、社会にとって意味がある分野。日本テレビからソニーに移った時は、デジタルメディアの時代が来ると思っていましたし、NHN JAPANに移った時は、次はブロードバンドの時代だと思っていました。

LINEを辞めた時も、日本を元気にするプロジェクトを、やりたい、次はメディア変革の時代が来ると思い、C Channelを立ち上げました。多分その判断は間違っていなくて、確実にモバイル動画の時代は来ると思います。その中で成功できるかどうかは、私たちの努力次第です。

もっと言いますと、伸びている分野・産業に入るとき、そこには成功も失敗もありません。伸びている産業で生きるということは、自分が成長するということです。たとえ入った会社が失敗したとしても、その業界で一生懸命勉強すれば、確実に自分の価値は高まるからです。

ビジネスは突き詰めると社会貢献です。人は自分にとって価値のあるモノにしかお金を払いません。そのためには「愛せるか、愛せないか」が重要になります。そして社会で意味のあるものが、長期的に愛されていきます。それは「いいもの」というだけではダメで、タイミングとか運が大事です。

その運とは何かというと、社会から応援されているかどうか。自然淘汰と一緒で、いつまでも受け入れられるものとは、生態系の中で受け入れられるものです。情熱を持って、社会に貢献できる価値を具現化できる人、日本の未来を明るく見せてくれる人と、ぜひ一緒に仕事で苦労したいと思います。

インタビュアーの目線

一番印象的だったのは「ソニーからの転職は（LINEの前身である）ハンゲームジャパンを選んだというより、インターネットという市場をこれからのステージとして選んだ感覚」というお話。「会社」ではなく「市場」を選ぶ。これは転職のみならず、新卒就活においても、会社を選ぶ際の、ひとつの基準にできそうですね。巻頭を飾るにふさわしい、明確なメッセージを頂きました。

株式会社マネーフォワード

代表取締役社長CEO

辻 庸介

Yosuke Tsuji

2001年京都大学農学部卒業、2011年ペンシルベニア大学ウォートン校MBA修了。ソニー株式会社、マネックス証券株式会社を経て、2012年株式会社マネーフォワード設立。個人向けの自動家計簿・資産管理サービス「マネーフォワード」および中小企業向けのクラウドサービス「MFクラウド会計・確定申告・請求書・給与計算・消込・マイナンバー・経費精算」を提供。2014年1月ケネディ米大使より「将来を担う起業家」として米国大使館賞受賞。同年2月ジャパンベンチャーアワード2014にて「起業を目指す者の模範」としてJVA審査委員長賞受賞。同年3月電通国際情報サービス「金融イノベーションビジネスカンファレンス FIBC2014」において大賞受賞。マネックスベンチャーズ株式会社投資委員会委員、一般社団法人新経済連盟幹事。

CONTACT

東京都港区芝5-33-1 森永プラザビル本館17F
http://corp.moneyforward.com/

すべての経験は未来につながる「dot」。好奇心の赴くままに、やりたいことはやってみる

テクノロジーの力で、お金の悩みや課題を解決する

当社では、「お金の課題や悩みをテクノロジーの力で解決する」ことを共通のビジョンとして、個人向けと中小企業向けの2種類の事業を展開しています。

個人の場合、今現在の収支から将来的に必要となる費用まで、お金に関してはわからないことだらけという方が少なくありません。この不透明な部分を一元管理し、ユーザー目線で家計・資産の可視化を図ったのが自動家計簿・資産管理サービス（アプリ、Web）です。複数の銀行の預金・入出金や残高、証券、クレジットカードの利用履歴などをほぼリアルタイムで管理できるので、過去から現在を経て未来に至るお金の流れが明確になり、安心してお金と付き合っていくことができます。他の家計簿サービスとの大きな違いは、

完全自動化、さらに人工知能によって自動に学習して自分に合った管理の仕方を実現できるということ。家計簿をつける上で一番の課題は「続けられるかどうか」という点にあると思いますが、僕たちは「人間はそれほど継続的に物事を行うのが得意ではない」という前提に立って開発を進め、一度登録すれば自分で入力する必要がない仕組みを作ってユーザーの手間を省くことに注力してきました。

個人事業向けがスマートフォンの普及に基づいた「スマートフォンで最も使われている家計簿アプリ」であるとするなら、中小企業向け事業はクラウド化の大きな流れを捉えた「中小企業で最も使われるクラウドサービス」です。確定申告、会計、請求書、マイナンバー、給与、経費精算と、バックオフィスの業務を幅広くカバーし、負担軽減、企業の生産効率の向上を図っています。

双方の事業の基盤となっているのは、「お金のプラットフォーム」「お金のインフラ」として社会に貢献したいという思いです。留学していた頃、「周りへのcontribution」という考え方を繰り返し教えられ、享受するだけでなく与える側に回らなければならないという使命感を抱くようになりました。今、僕たちが提供している新しい価値は、人間がより生産性の高い業務に集中できるよう、必ずしも人間の手で行わなくてもよい部分をテクノロジーで補うサービスです。どんな時も、常にユーザーに驚きと感動を与えたいという志を持って事業を行っています。

もうひとつ、僕が新卒で入社したソニーの製品づくりを支える哲学も、僕たちが事業を推進していくための原動力のひとつとなっています。ソニーの製品やサービスは常にユーザーの好奇心を刺激し、驚きと感動をもって世界中の人々に受け入れられてきました。当社のプロダクトも、ソニーと同じようにユーザーの「WOW!」を引き出し続けることによって、将来的には世界中で使われるようなサービスへと昇華させていきたいと考えています。そのためには、「ものづくり」に注力できる体制の構築と強化が欠かせません。現在、在籍している社員の半数はエンジニアやプログラマー、デザイナーといったクリエイターで、パッションによってプロダクトをつくるという工程を重視した布陣になっています。

「好きではなかった経理の仕事」も、今につながる〝dot〟のひとつ

ソニーのように「WOW!」のあるものづくりをしていきたい、という話をしましたが、ソニーに在籍していた当時、僕が所属していたのは経理部でした。そもそもソニーに入社

を決めたのは、京都大学の農学部でバイオテクノロジーを学んでいた頃、先輩たちと共に進学塾を起業してビジネスに興味を持ったのがきっかけでしたから、経理部への配属はまさに青天の霹靂です。やりたかったわけではない経理の仕事をするという事実に戸惑いながらも、3年ほど頑張りました。それでも、どうしてもビジネスへの思いを捨てきれずにいた頃、マネックス証券の社内募集が出ているのを目にしたのです。当時のマネックス証券は、社員数50名程度のベンチャー。戦略から提携、採用、マーケティングまであらゆる仕事を経験し、起業までに非常に多くのことを学ばせてもらいました。

そして今、クラウド会計をはじめ、お金にまつわるビジネスを行うようになりました。こうして振り返ると、経理をしていたあの時期も、確かに今につながっていると感じずにはいられません。

スティーブ・ジョブズが2005年、伝説とも言われるスタンフォード大学の卒業式のスピーチで「connecting dots」と述べています。彼は、スタンフォード大学に進学したものの、大学に通う価値が見いだせなくなってすぐに退学を決めました。そして、面白そうな授業にだけ潜り込む日々を送ります。そこで出会ったのがカリグラフという伝統的で芸術的な文字の講義であり、この講義で得た知識が十年後にマッキントッシュの多様なフォントを生んだのです。「当時は点と点をつなげる意識などなかったが、実は将来につながることを学んでいた」という彼の言葉には、共感する部分が多くあります。自分をスティーブ・ジョブズになぞらえるのはおこがましい限りですが、人生にはこうしてあとから結びついていく点のような経験がちりばめられていると思うのです。

MBAを取得するために留学したときには、言葉が全く通じず周囲とコミュニケーションが取れないという状況に陥りました。MBAではチームに課題が課されるので、使えない人間がひとりいるとチーム全体にとって大きなロスになります。何とかチームの役に立とうと、ほとんど泣きながら課題に取り組みました。必死でしたね。言っていることがわからない、言いたいことが言えないというのは想像以上に悲惨なものです。入学当初はミーティングでも一切相手にされないような屈辱的な日々だったのですが、何とかくらいついて卒業式では、アメリカ人以外で唯一のクラス代表に選ばれました。なぜかと問うと、「おまえはいつもチャレンジしていたから」という答えが返ってきたんですね。チャレンジし続けることの大切さとともに、とにかく夢中でやってきた毎日はここにつながっていたのだと実感しました。

特に若いうちは、好奇心に従って何にでも挑戦してみるといいと思います。そして、自分の中でしっかりと腹落ちして始めたことであれば、すぐには結果が出なくても信じてやり続けてみることです。点を作っているときには気づかなくても、挑戦し続けていれば、いつか「今、このためにあの経験があったんだ」と思う日が来るでしょう。青い鳥は待っていても来ません。青い鳥は、自分で生み出して、自分で育てていくしかないんです。

「思い」をチームで共有し、世界を目指す

当社の出発点は、高田馬場のワンルームでした。僕と一緒にスタートを切ってくれたのは、ソニーやマネックス証券、留学時など、それまでの経歴の中で知り合った友人と知人に声をかけてつくり上げた小さなチームです。当初はホワイトボードを買うお金もなくて、ロールペーパーを壁に貼って代用していました。この頃、僕たちの会社にあったのは「こういうサービスが世の中にあったほうがいい」という思いと、その思いを同じくする仲間だけでした。

作られた枠組みの中でもがいていた時代より楽しかったけれど、かなりしんどい時期でもありましたね。もう一度やるか、と聞かれたらちょっと自信がないですね。プロダクトをゼロから作るのも、営業の仕組みを作るのも、非常にやりがいはありますが、本当に大

変です。しかも、ユーザーの信頼を獲得して使ってもらわなければ、サービスが成り立たない。お金を稼ぐ仕組みが確立されている大企業も、細く長く事業を継続している中小企業も本当に素晴らしいなあと、その仕組みをゼロから創り上げた方々を心から尊敬しました。

この辛い時期を乗り越えることができたのは、まだ何も持たないベンチャーの理念に共感して集まってきてくれた仲間がいたからこそ。創業メンバーは皆、そのとき属していた組織の第一線で活躍している人ばかりでしたから、人集めにはとても時間がかかりました。それでも、ビジョンを共有できる、信頼できる人だけに声をかけ続けたことが、組織の根幹を作ったと自負しています。

今も、採用には一切妥協していません。そのおかげか、若手でも非常に優秀な人が入社してくれていて、20代半ばでプロダクトのリーダーに就任していたりします。どの社員も結果に対しては真摯ですが、謙虚で相手を思いやれる温かな人が揃っていて、創業時から変わらず良いチームだと思います。これからも、頭脳だけでなく人間性を兼ね備えた人が集う大人のベンチャーでありたいですね。

加えて、これからの僕たちは、どちらの事業もまずはユーザー数を増やし、個人向けであれば将来の不安なくお金と付き合っていける世界をつくること。中小企業向けであれば、その経営を楽にし、事業に集中していただくこと。この2点を基軸としつつ、テクノロジーを使った新たな金融サービスを意味する「フィンテック」という視点から新たなサービスを展開し、日本のフィンテックを世界レベルまで引き上げていきたいという思いを強く持っています。今からチームに加わってくれる人たちには、こうした僕たちの夢に共感できる人であってほしい。そして、「個」としての強さをチームの中で活かせる人が望ましいと思います。好奇心を持って新しいチャレンジを楽しみ、かつ努力し続けられる人と共に、世界に通用するプロダクトを作っていけたら嬉しいです。

インタビュアーの目線

ご自身を評して「自分はだらしないので、ひとりでは何もできない」と謙遜される辻社長。起業までの華麗な経歴からは想像もつかない言葉ですが、それはチームへの信頼と愛情の証かと…。苦労した創業時、挑戦を続ける今、そして世界へ羽ばたこうとする未来…。どのお話にもメンバーへのリスペクトがにじむ辻社長の人柄は、その柔らかな関西弁に包まれて、より温もりを増すようでした。

株式会社ベクトル

代表取締役社長

西江 肇司

Keiji Nishie

1968年生まれ、岡山県出身。1993年に会社設立。2000年よりPR事業を中心とした体制に本格移行。独立系PR会社として業界トップに上りつめ、2012年に東証マザーズ上場、2014年11月28日に東証一部へ市場変更。日本No.1のリリース配信サービスPR TIMES、WEBマーケティングを扱うシグナル、動画マーケティング支援のビデオワイヤーをはじめとした子会社をグループに持ち、コミュニケーションサービスを実行できる体制を確立。現在、中国、香港、シンガポールなどアジア各地に現地法人を設立。PRとアドテクノロジーを組み合わせた最新のマーケティング手法を武器に、アジア全域におけるPRグループの形成を目指している。著書『戦略PR代理店』(幻冬舎)、『モノの広め方』(アメーバブックス新社)など。

CONTACT

東京都港区赤坂4-15-1 赤坂ガーデンシティ 18F
http://vectorinc.co.jp/

情報を消費するだけでなく、目をつぶって想像する。消費者目線でシンプルに考えれば、未来が見えてくる

コミュニケーションファームという最先端戦略PR集団

当社の事業は、企業が世の中に広めたい商品やサービスを、広告ではない手法で伝える〝戦略PR〟です。メディアが多様化する中で、今までのように普通に広告を打っても、効果を期待しにくい時代になっています。これまでのコマーシャルに代わり、「番組内で紹介されたい」「ニュースに取り上げてもらいたい」「スマホを見る人に動画で直接届けたい」といった、広告ではないコミュニケーションへの需要が高まっています。

戦略的なPRという概念は、実は従来の日本には存在せず、広告は宣伝部、PRは広報部が、それぞれの予算で別々に行うのが一般的でした。しかし、商品がテレビの番組で取り上げられたら、飛躍的に売り上げが上がるのは明らかです。では、そのテレビに取り上

げてもらうためにはどうしたらよいかというと、従来の広報手法では、ニュースリリースを作ってメディアに送るくらいが関の山でした。

広告一辺倒ではないコミュニケーションが増えている時代の中で、企業は広告以外でいかに広く認知や共感を得られるかが問われており、そこがうまくできている会社が成功しています。つまりこれまでの広告予算をPRに振り向ける企業が増えるトレンドの中、私たちはまさにそこを狙いにいっているのです。

〝戦略PR〟という言葉は、日本では2008年くらいに書籍で紹介されて広まりましたが、海外ではかねてから一般的だった概念で、〝コミュニケーションファーム〟と呼ばれる会社が担う領域です。例えば、アメリカの大統領選挙の際に関わるのは広告代理店ではなく、コミュニケーションファームです。オバマ大統領であれば、専門のコミュニケーションチームが、ウェブサイトやSNSを活用したキャンペーン、テレビCMや動画を通じた広告・PRなどの全コミュニケーション活動を担います。

私たちが狙っているのも、そういった領域です。モノを広めたい時に、今までは広告戦略一辺倒だったところ、ソーシャルネットワークで発信するコンテンツを作ったり、動画でニュースを提供するなど、コミュニケーションを図っていく。PR会社といっても、昔ながらの狭義なＰＲ業が占める割合は半分くらいの〝戦略的コミュニケーションファーム〟というのが当社の立ち位置なのです。

２歳の子供でもＣＭをスキップ。見たくなる動画とは？

私自身に関するビジネスの原点は、大学時代の〝パーティー屋〟に遡ります。年間１００回程度、学生パーティーを企画していました。パーティー自体に興味があったわけではなかったのですが、当時から協賛企業を募ってくるのはうまかったので、卒業してそのまま、セールスプロモーションの会社を興しました。ＰＲの仕事は、テレビのタイアップから入った感じですね。テレビ東京の『ＡＳＡＹＡＮ』の制作なども手掛けていました。

一般的にＰＲ会社の世界というのは、新しいことをするのが決して得意ではない業界です。しかし従来のＰＲ手法では、なかなかメディアに取り上げられにくい時代になっています。例えばタレントを起用して記者発表を開いて、雑誌やテレビなどの記者を呼んでも、実際に誌面や番組で使われるのは、商品ではなくタレントばかり。マスメディア自体の影響力も以前より低下しているので、首尾よく露出したとしても、ごく一部の主要メディア以外は影響力も限定的です。

そんな状況の中で、私はこれからのＰＲはズバリ「スマホをターゲットにした動画」が肝になると思っています。スマホ動画というと、ほとんどの企業や広告代理店は広告を狙っていますが、広告であることを明示した途端に、それは誰も見たくないコンテンツになってしまいます。例えばYouTubeで最初に流れる動画広告は、最後まで見ないでスキップしてしまう人がほとんどです。２歳になる私の子供も、すでにYouTubeを見ているのですが、広告は全部飛ばしています(笑)。２歳の子供でもそうなのですから、これは誰も見ませんよね。それを無理やり見せようという発想自体が、既に間違っていると思います。

私たちが狙っているのは広告ではなく、映画の予告編です。予告編は映画の広告のようでいて、それを見ると映画を観たくなりますよね。伝えたい内容を動画にして、アドテクでターゲティングしたユーザーに届ければ、必ず見てもらえます。

例えば、フェラーリが新車の発売を告知するなら、記者発表会の模様を動画にして、同社のホームページ閲覧者のスマホやＰＣに表示してしまえば、それだけで数十万というフェラーリファンにリーチできてしまいます。今では、過去に検索した商品や会社の広告がスマホやＰＣに表示されるリターゲティング広告は当たり前になりましたが、動画を表示することで、これまでとは比べものにならない効果が期待できるのです。

言わずもがな、ユーザーにとって企業に対する最大のニュースは新製品です。企業側は意外とそのニュース性に気づかないまま、多額のコストをかけたコマーシャルでなければ商品は売れないかのように洗脳されています。私は常にユーザー目線で見ているので、業界の常識にも「本当にそうか？」という視点で切り込みます。例えば、私はローリング・ストーンズのファンなのですが、キース・リチャーズが新しいアルバムを出したことをネットニュースで配信しても面白くないけれど、1時間の動画を作って世界中のストーンズファンにターゲティングして、Netflixで観られるようにしたら、それでプロモーションは終わりです。

当社が狙っているのは、戦略ＰＲとアドテクノロジーと動画をセットにして、世の中にモノを広めること。ものすごくシンプルですが、この中に広告という概念は既にありません。逆に言えば、今までは広告になっているから伝わらなかった。もっと言えば、紙媒体やテレビのキー局といったメディアも必要ないのです。なぜなら企業の商品やブランド自体が、メディアだからです。当社でも「ＩＲＴＶ」「ＮＥＷＳ ＴＶ」といったＩＲ情報や企業の記者発表会・ＰＲイベント・新製品情報などを動画で配信するサービスを展開していますが、それもメディアではなく、トレーラーの配信という位置付けです。

そしてＰＲの圧倒的な強みはコストパフォーマンスです。当社では、記者発表会の模様を無料で動画撮影し、実際にリーチした分だけの成果報酬を頂戴しています。仮に200万PVに対して200万円を頂いたとして、1ページにつき200万円かかる雑誌広告と、どちらを選びますか。それでも雑誌を選ぶ企業が存在するのも不思議ですが、合理的な判断をすれば、どちらがコストパフォーマンスに優れているか、明白です。このようにコストを抑えられるのは、1社から高額なコストを負担していただくのではなく、より多くの企業に同じ手法を応用できるビジネスモデルならではの強みともいえるでしょう。

PR好きの優秀な人材に来てほしい

最近では、海外向けの日本のプロモーションも多く手掛けています。クール・ジャパンやビジット・ジャパンなどの流れを受け、和食を広めるプロジェクトや香港のラーメン屋ブームなどを仕掛けたりもしました。PR、動画、アドテクを使う手法は日本と全く一緒です。

ミラノ万博や、サッカー界のスーパースターであるロナウドとネイマールが来日した時のプロモーションも当社の仕事です。もはや、私も把握しきれないくらい多種多様な案件をこなせるのは、私たちの手法が実は極めてシンプルだから。国を超えて、多くの企業をお手伝いできる普遍性が、私たちの他にはない強みです。本当にクリエイティブなサービスやプロダクトとは、アップルの製品のように、誰もがシンプルに使える、楽しいものなのです。

急速に変化するＩＴのコミュニケーションにおいては、私は数年前から確実に動画がメインストリームになると睨んでいました。人はどうしても、現在のことばかりに目が行ってしまいがちですが、５年後や10年後をユーザー目線で考えてみれば、動画の普及は想像に難くないでしょう。要は、ほとんどの人は情報を消費するだけで、考えていないんですよね。忙しさにかまけて、目をつぶって想像することを忘れています。消費者目線でシンプルに考えたら、誰でも未来が見えますよ。

当社は数年以内にはＰＲ会社としてアジアNo.１になります。そのビジョンに向けて打てる手はすべて打った現在、私の主たる役割は新規事業への投資へと移っています。既に50社以上のベンチャー企業に投資していますが、最終的には１００社の上場を目指しています。

ベンチャー投資とＩＲが同時に行える会社が他にないので、毎日のように出資要請のお話を頂いては、その中から投資に見合う会社を選りすぐるような状況です。中には私が会社名やコーポレートサイトへの動画掲載についてアドバイスさせていただく先もあります。それらはすべて、投資家が投資したいと思う仕掛けなので、上場後の株価も飛躍的に引き上げることとなります。

最後に、コミュニケーションファームである当社が求めるのは、兎にも角にも〝優秀な人材〟です。モノを作っているわけではないので、クライアントは当社の〝人〟に対して、お金を払ってくれているのです。コミュニケーション能力、学習能力、愛想の良さなど、あらゆる面で秀でていなければ通用しない厳しい世界でもあります。でも能力以前に、PR業界が好きな人、モノを広めることを喜びにできる人に来てもらいたいですね。

インタビュアーの目線

会議室一面に張られた海の写真をバックに、飄々と自然体で取材に応じてくれた西江さん。その気負いのなさが、業界の常識には全くとらわれないシンプルなユーザー目線を育み、ブルーオーシャンの事業領域を創出しているのでしょう。それにしても予言のようでありながら確信に満ちた口調で語られる未来は、それが実現した世界が我々取材班の目にも浮かぶくらいの説得力でした。

株式会社SPinno

代表取締役CEO

松原 秀樹

Hideki Matsubara

1964年、大阪府生まれ。商社へ入社し、当時、経済開放以前であった中国ビジネスに従事。その後、SP・ディスプレイ会社へ入社し、SPツールに関するノウハウを学んだ末に独立起業。起業後は前職の経験を活かし、『継続収益事業』『経営指数全面開示』『チーム全員経営』を念頭に置いた経営に専念。2015年に第2創業期と位置づけ、株式会社SPinnoへ社名変更。販促クラウドサービスSPinnoを通じたクライアントのSPイノベーション支援を推進中。今後はSP領域におけるイノベーターとして、販促クラウドサービスの普及を通じて販促インフラを構築し、世界需要を満たしていく。

CONTACT

東京都台東区松が谷1-3-5 JPR上野イーストビルG1F
http://www.spinno.co.jp/

会社は、自己実現のプラットフォーム
すべての人に「自分だけの花」を咲かせる
機会を

販促クラウド「SP・inno」で販促業務にイノベーションを起こす

2015年の7月に販促クラウドサービス「SP・inno（スピーノ）」をリリースし、同時に社名を「アルテックジャパン」から「株式会社SP・inno」へと変更しました。

創業当初の商号であった「アルテック」は業界内でも名前が通っていましたし、個人的な思い入れも深い社名でしたが、「私たちは変わる」ということを社内外に強く示すために変更へ踏み切りました。現在は第2創業期として、株式上場に向けて準備を進めているところです。

長くSP商材のメーカーとして商品開発などを行ってきた私たちが新たなスタートを切

るきっかけになったのは、今から5年ほど前、あるクライアント様のご要望を受けて、「SP・inno」の前身ともいうべき販促業務管理システムの開発を手掛けたことでした。完成したシステムは十分に手応えを感じるものであり、実際にクライアント様の高い評価を受けたことから、システムに汎用性を持たせるようカスタマイズして他の企業へも営業を開始したのです。

大手企業数社に導入が決まり、ナレッジも貯まってきた2015年初頭、よりユーザビリティの高いシステムに作り変えるとともに、販促領域におけるITクラウドプラットフォーマーとしての事業に会社全体をシフトさせていく決意に至りました。核となるサービスの名称と社名を同じくする企業は近年増えつつありますが、認知度アップやブランディング効果というメリットがある一方、万が一にもサービスが頓挫した場合には会社そのもののイメージにも累が及ぶというリスクが伴います。それでも「SP・inno」でいこうと決めたのは、提供するサービスへの絶対的な自信があるからにほかなりません。

「SP・inno」のサービス概要は、私たちの造語である〝販促クラウド〟という言葉で表しています。一言でいうと、販促のプラットフォームですね。従来の販促業務は、企画、見積もり、デザインといった流れをファクシミリやメールのやりとりでつないでいました。企業のマーケティング戦略にITが導入されるようになってからも、販促管理はアナログなままの状態が続いていたわけです。「ＳＰｉｎｎｏ」は、ここに風穴を開けました。本部の販促担当者、営業マン、デザイナー、店舗、物流会社、印刷会社などがひとつのプラットフォームで進捗を確認できるようにし、オーダーから納品まで完全ペーパーレスでの一元管理を可能にしたのです。

また、これまでは優秀で年収も高いデザイナーが些末な修正に追われて残業を重ね、結果として人件費が嵩んでしまうという現実がありました。これも、オフショア海外拠点を活用することによって、コストと品質を両立させる体制を確立して解決しています。労働集約型である販促企画を資本集約型へと移行させていけば、この仕事に関わる人たちの労働環境改善を図ることも可能になるでしょう。実際、当社のデザイナーは毎日規定の就労時間で帰っており、「日本一早く帰れるデザイナー」だと言っても過言ではありません。

マーケティング手法が日々変化していく中、より効果的なプロモーションをスピーディーに行う必要があることは自明の理であり、その過程ではＩＴの活用が不可欠です。「ＳＰｉｎｎｏ」を販促インフラとして普及させ、販促のイノベーションを起こしたい。そして、デザインや製作といったリアルな部分を含めて、より多くのクライアント様の販促・集客支援を実現したい。それがこれからの私たちの願いであり、使命です。

会社の規模より、重要なのは「どんな人たちと働くか」

ＳＰツールのメーカーとして「アルテック」を個人創業したのは１９９８年のこと。４畳ほどの、まるで納戸のような自宅マンションの一室を事務所にしてのスタートでした。お金はなくても、なぜか「きっと成功する」という根拠のない自信だけはありましたね。勢いに乗って順調に組織を拡大していきましたが、実は数年前に手痛い失敗も経験しています。本業以外のことに手を出した結果、しだいに会社の業績を圧迫するようになり、キャッシュフローが悪化していったのです。折しも、リーマンショックの影響が世界経済を直撃。迫りくる不況の波に押し切られる形で、不採算事業と、そこに配置していた人員の整理を余儀なくされました。当時の私は、社員とのコミュニケーションは二の次でした。褒められたものではない経営者だったと思います。そんな中で直面した会社の危機は私の意識を大きく変え、今につながる転機となりました。

何とかしてこの苦境を乗り越えなければならないと考えた私は、経営を抜本的に見直し、事業を販促に一本化。５ヵ年計画を立案するとともに経営理念を作り替え、「お客様の感動」と「社員の幸せ」の実現に絆をもってチャレンジし続けることを宣言して、社員一人ひとりと真摯に向き合ってコミュニケーションを取るようにしました。二度と同じ轍は踏むまいという決意のもと、つまずきの原因と思われるところはすべて改善し、業績を回復させていったのです。変化の中で50歳という節目の年を迎えてこれまでの経営者人生を振り返り、自責の念に駆られたことも大きかったですね。優秀な若手経営者、同世代でしっかり結果を残している経営者仲間と自分を引き比べて、このままではだめだと強く思いました。60歳になったときに後悔のない生き方をしようと決めて、心機一転を図ったのです。

当時のことを思うと、何よりも社員に感謝の一言です。会社の規模より、重要なのはどんな人たちと一緒に働くかだということを自らの身をもって知った出来事でした。これから会社を選ぶ人たちにも、「何をやっている会社か」「どれくらいの規模か」ということと同じくらい、どういう人たちが働いているのか、社内はどんな雰囲気なのかというところに着目してもらいたいと思っています。

会社って、本来はエネルギー充塡の場所であるべきだと思うんですよ。会社で過ごす時間は人生の三分の一とも言われていて、ひょっとしたら家庭で過ごす時間よりも長いかもしれません。だからこそ、安心してそこにいられる場所でなければならないと思うんです。しかし現実には、一度の失敗さえ許されなかったり、成果を残せなければ用なしと言われたりするような過酷な環境で、追い詰められながら働いているケースが非常に多い。目標をクリアできなかった社員を公の場で叱責するというのもよくある光景ですが、そうしたやり方で奮起を促したとしても、すぐに息切れを起こしてしまうでしょう。短期的な成果だけを求めてエネルギーを消耗する毎日が続けば、長く働き続けることは難しい。

それよりは、「この仲間たちと、この仕事がしたい」という思いのほうが、人と会社を強く結びつけるのではないかと思います。当社には、営業成績を発表した後、達成したか否かにかかわらず必ず全員が拍手を送るという決まりがあります。短期的な成果だけを求めて社員を責めても、良い影響は生まれないと思うからです。大手企業から当社に転職してきて、「今のほうがずっと幸せ」だと言ってくれる社員がいるのは、こうした社内の雰囲気づくりが奏功している証拠かもしれません。

世界中のすべての人に「自己実現の機会」を提供したい

今後の当社は、販促企画の課題を解決するテクノロジー企業としての一面を持ちつつ、リアルなサービスも同時に有するような、ハイブリッド型の企業になっていくと思います。まずは目前に迫ったマザーズ上場。そして、個人創業から20年の節目となる２０１８年から２０１９年度中には東証一部上場を果たしたい。海外展開も視野に入れつつ、この２つの目標を着実にクリアしていくつもりです。これから仲間に加わる方には、会社が成長のステージを上っていく時ならではの変転を前向きに楽しんでもらいたいですね。

販促クラウドの「ＳＰｉｎｎｏ」は、販促企画のプラットフォーム。そして、会社としての「ＳＰｉｎｎｏ」は、社員の自己実現のプラットフォームであるというのが私の考えです。今の私は、「起業したい」と思った時に思い描いていた将来像をはるかに超える良い状態にあり、自分自身がこの会社を通じて自己実現していっているという実感があります。

だからこそ、今度は社員に、そして世界中の全ての人に、自己実現できる機会を提供したいと思っています。中には、まだ「なりたい自分」が見つからないという人や、今の仕事は「なりたい自分」とは違うという人もいるでしょう。そんな時は、すぐに別の道を探すのではなく、目の前にある仕事にがむしゃらに取り組んでみてほしいと思います。配属される部署や仕事はすべて「神様の与えた椅子」であり、自分で選ぶことはできません。与えられた椅子が望んだものではないからと、別の椅子を探しにいくのは簡単ですが、何か得るものがあるからこそこの椅子が与えられたのだと思えば、仕事との向き合い方も変わってくるのではないでしょうか。真実は仕事のほうから自分が呼ばれているのだということなのです。

人は皆、それぞれに自分だけの種を持っています。どれだけ遠回りをしたとしても、どれだけ時間がかかったとしても、咲くべき花は必ず咲く。それを信じて「今」を懸命に生き、自分の中にある種の名前を見つけてください。私たちは、一人ひとりが美しい花を咲かせるための場を提供し、その道のりを支えていきたいと思っています。

インタビュアーの目線

突然襲った経営の危機を「変わろう」という確固たる決意で乗り切った松原さん。プライドやこだわりを捨て、社員のため、会社の未来のために下した決断の可否は、今、目前に控えた上場と社員からの信頼という形で答えが出つつあります。どんなに遠回りをしても、種は必ず花を咲かせる――。自らの背中で歩むべき道を示す松原さんと「ＳＰｉｎｎｏ」の未来から、目が離せません。

トライベック・ストラテジー株式会社

代表取締役社長

後藤 洋

Hiroshi Goto

慶應義塾大学法学部卒業後、ソフトバンクに入社。幅広いクライアントの広告営業に従事。また新規事業立ち上げのマーケティング全般を担当し、新たなビジネスモデルによる収益を追求した。2002年、トライベック・ストラテジーに参画。同社のデジタルマーケティングコンサルティング事業を一手に担い、幅広い業界のデジタルマーケティング戦略、ブランド戦略、ロイヤリティ戦略プロジェクトなどに多数従事。デジタルマーケティング関連の執筆活動から、企業向けフォーラムでの講演などにおいて、オウンドメディアの重要性やコミュニケーションの在り方についての啓蒙活動を積極的に行っている。

CONTACT

東京都港区赤坂7-1-1 青山安田ビル3F
http://www.tribeck.jp/

生まれながらのネット世代"デジタルネイティブ"が日本企業のブランドを強くする

デジタル時代だからこそ企業コミュニケーションの見直しが不可欠

当社の主力事業は企業と生活者をデジタルの力でつなぎ、コミュニケーションを生み出すデジタルマーケティングコンサルティングです。デジタルマーケティングにはオウンドメディア、ペイドメディア、アーンドメディアと3つのメディアがありますが、特に注力しているのはオウンドメディアを軸にしたデジタルコミュニケーションになります。

オウンドメディアとは、企業自体が持っているホームページ(HP)などの自社メディアであり、ペイドメディアはマスメディアなどの広告、アーンドメディアはフェイスブック、ツイッターなどのソーシャルメディア(SNS)を指します。

中でも企業にとって唯一の公式メディアであるオウンドメディアは、生活者にとって、最も信用できる媒体です。企業にとってはいわば、ネット上にある24時間365日、絶えず生活者とコミュニケーションのできる店舗といえるでしょう。

一方、テレビCMや新聞広告、雑誌広告などのペイドメディアは、そのリーチの広さが強みです。より多くの人に印象づけるには有効ですが、その膨大な費用のため、超大手企業でなければ手が出ません。また、フェイスブックなどのアーンドメディアは、企業側ではコントロールできず、生活者自身が情報源という点で他のメディアにないリアリティがありますが、その反面、信頼性に欠けるデメリットもあります。

このように、さまざまな情報があふれ返っている近年においては、何を正しい情報として信用するかが重要であり、結果的に企業の公式メディアが信用に足る情報として注目されているのです。

これまで、それほどオウンドメディアが注目されなかったのには、テレビや雑誌といった、マス広告が主流だった時代背景があります。それからネット主流の時代となり、マス広告の凋落傾向(特に新聞、雑誌)は、スマホの普及により一層顕著になっています。気になることは何でも、スマホで検索するのが当たり前の時代。消費者が企業に関する情報を得るために最初に触れるのは、テレビや雑誌ではなく、スマホ上のオウンドメディアなのです。

今や、企業の思いがオウンドメディアで伝わらなければ、ユーザーとのコミュニケーションは成り立ちません。例えば、大切な会食をするレストランを探そうとスマホ検索したとします。どちらのお店も実際には料理や接客、雰囲気ともに同等です。けれども、1つ目のお店はメニューと場所、連絡先だけの簡素なホームページ、2つ目は、見るからに美味しそうな料理や店内の写真、お客様の感想などが載ったオウンドメディアだとしたら…。どちらのレストランを選ぶかは明白ですね。これは極端な例え話としても、実のところ、多くの企業において同じような状況が見られます。

私たちは、企業の分身ともいえるオウンドメディアを魅力的に見せるお手伝いをすることで、企業の思いがユーザーに伝わるコミュニケーションを実現したいのです。企業コミュニケーションの成否は、伝えたいことを表現できるかどうかに掛かっています。オウンドメディアの在り方を考えることは、企業が「自分たちらしさとは何だろうか?」というブランド再考のきっかけとなり、大変有意義な活動となります。

デジタルマーケティング支援の他には、最新のマーケティングテクノロジーを駆使したソフトウェア「HIRAMEKI management®」の開発も行っています。訪れるユーザーの行動を可視化して、実際の効果を数値化する国産のマーケティング・プラットフォームで、ユーザーは製品やサービスのことを知りたいのか、採用情報に興味があるのかなど、ユーザーが期待している情報・コンテンツがすべて解析できるのがポイントです。さらに、カートに入れたまま商品購入まで至らないユーザーに、「カートに商品が残っています」とフォローメールを自動送信するなど、コンサルティングというソフト面に加えて、テクノロジー面でも企業のビジネス機会の損失を最小化することができます。

おかげさまで、これまで三井不動産レジデンシャルや中外製薬、ＫＤＤＩ、三菱商事、オムロンヘルスケア、厚生労働省や日本赤十字社など、日本を代表する大企業や官公庁、自治体のプロジェクトをお手伝いしてまいりましたが、「本当によいものになった！」「成果が出て嬉しい！」というお声を頂くことに仕事のやりがいを感じますね。

「インターネットは世界を変える」尊敬する孫社長の言葉に衝撃

大学時代はマーケティングやコミュニケーション系に興味があり、マスコミ志望でした。就職活動早々に、大手広告代理店や民放テレビ局の内定を頂き、社会人生活を思い描きながら、マスコミ業界で働くことにワクワクしていました。そんな折にふと書店で手に取った『孫正義大いに語る!!』（ＰＨＰ研究所）という本に衝撃を受けました。「これからはインターネットの時代だ」。当時の私にはインターネットが今のような状況になるとは知る由もありませんでしたが、その未来を自信満々に語る孫社長の言葉は私の胸に突き刺さりました。

「この人と仕事がしたい！」そう思った私はこれまでの内定をすべて辞退し、両親の大反対を押し切って、ソフトバンクに入社しました。ソフトバンクでは、営業やマーケティング、新規事業開発など、実にさまざまな業務を経験しました。その中でも、新規事業として立ち上げたコミュニケーション事業が成功を収め、大きな可能性を感じました。

しかし、その頃のソフトバンクは既に大企業となり、新しいことにチャレンジをしていく土壌はありませんでした。当時衝撃を受けた「インターネットは世界を変える」という孫社長の言葉を思い出し、改めてデジタルでコミュニケーションを変えたい気持ちが大きくなりました。「マーケティングとテクノロジーで新しいコミュニケーションを生み出す」という企業理念を掲げたトライベックに参加したのはその頃です。

総合広告代理店博報堂出身、国内最大のポータルサイトＹａｈｏｏ！出身、会計コンサルティングトーマツ出身、３人のまったく畑違いのプロフェッショナルがそれぞれの強みを持ち寄って、コミュニケーションの新しい波を作るというコンセプトで生まれた会社は、誰もが自己主張も強く、同時に高いプロフェッショナリズムを感じました。

私はといえば、ソフトバンクに入社2年目の若造。「この人たちに勝てるものが何もない」と挫折したのを覚えています。そこから私は自分自身と向き合い、「デジタルの力でコミュニケーションを変える」という信念のもと、寝る間も惜しんで、まさに一から勉強しました。

コンサルティング、マーケティング、メディア、テクノロジー等について、あらゆるプロフェッショナルから日々学ぶことで、この業界に必要なスキルを磨いていきました。それから十数年、多くのクライアントにも恵まれ、さまざまなプロジェクトを経験し、会社は毎年黒字成長を続けました。そして2014年11月、私は代表取締役社長を拝命し、第2創業期として新しいトライベックをスタートさせたところです。

今後はオウンドメディアだけでなく、ペイドメディアやアーンドメディア企業などのM&Aも積極的に進めていき、コミュニケーション全体を統合支援できるデジタルマーケティング領域のコングロマリットグループを作っていきたいと思っています。

デジタルネイティブの若者と共に日本企業のブランドを強くしたい

私たちのもうひとつのテーマは、「日本のブランドをもっと世界に知ってもらう」ということです。日本人は元来、コミュニケーションが苦手な人種とも言われていますが、デジタルマーケティングにおいても、グローバルレベルからは後れを取っているという評価です。こうした流れの中で特に危惧しているのが、日本企業のブランド力低下という実態です。

世界的なブランド評価企業インターブランド社による「世界の企業のブランド力調査」では1位アップル、2位グーグルなど、欧米の企業が並ぶ中、ベスト10に入る日本企業はトヨタだけという状況です。50位までを見て、ホンダ、キヤノンを含む3社。１００位以内でアメリカ55社、ドイツ10社、日本は7社のみです。特に欧米ブランドは、グーグルやフェイスブック、アマゾンなどのデジタル企業が多くランクインしていますが、日本は自動車業界を中心に製造業がほとんどです。「デジタルコミュニケーションを通じて、もっと日本の企業のブランド力を高めたい」。そんな想いがこみ上げます。

最後に採用については、これまでは即戦力を求めて、中途採用中心でしたが、私が社長になってからは、新卒採用もスタートしています。今後、会社が成長ステージに入っていくことを考えれば、デジタルネイティブとも言うべき若い世代の力はもはや不可欠と言えるでしょう。私は会社説明会でも「君たちは生まれた時から当たり前のようにネットがある。デジタルネイティブであることは社会人として大きな武器になる」と話しています。これからマーケティングやコミュニケーションがデジタルへシフトしていく中で、彼らと共に、さらに世界へアピールできるデジタルコミュニケーションを作り出したいですね。

デジタルはコミュニケーションを変える。世界に誇れるデジタルマーケティングコンサルティング企業を一緒に創り上げてほしい。そこに魅力を感じる人と、ぜひ一緒にチャレンジしたいと思っています。

インタビュアーの目線

スラリとした長身に日焼けした精悍なマスク。羨ましい限りのルックスに目が向いてしまう後藤さんですが、オウンドメディアの在り方について、フリップを手にわかりやすくご説明いただける情熱とホスピタリティーは、絶対的な存在である創業メンバーたちに揉まれた末の代表就任であればこそなのでしょう。日本のブランディングをウェブから変えていく同社にこれからも注目です。

株式会社リンクル

代表取締役

川崎 祐一

Yuichi Kawasaki

株式会社リクルートに入社。リクルートのメイン媒体であるリクナビの新規営業に従事。トップセールスとしてMVP5回、営業トップ賞6回、特別賞などを受賞し、歴代の記録を次々に更新。同社退職後、外資系インターネット広告代理店に入社。独自のPDCA改善論を考案し、多くのクライアントの売上UPに貢献。新人賞も獲得。2011年、株式会社リンクル設立。代表取締役に就任（現職）。インターネット広告業界に新風を巻き起こす。5年で10社の新規事業プロジェクトを計画し、2014年、株式会社リンクルエース設立。取締役に就任（現職）

CONTACT

東京都渋谷区恵比寿4-20-3 恵比寿ガーデンプレイスタワー 18F
https://rincrew.jp

どんなビジネスも『ウェブ集客力』と『営業力』が命

とにかく早く成功したい

「石橋を叩いて渡る」という言葉がありますが、皆さんは石橋を渡るとき、叩く、叩かない、壊す…どんなタイプですか？

私は、叩いて壊して、最も頑丈な橋の作り方を調べて学び、自分で作って渡るタイプ（笑）。昔から、物事の存在意義や効果、仕組みがどうなっているのか、自分で納得できる答えを得ないと気が済まない性格なのです。

そんな性分に加えて、「自分で何かを生み出したい」「人と違うことをやりたい」という思いも強く、高校生の頃には、すでに起業家を志すようになっていました。

一方で、当時の私にはもうひとつ夢がありました。テレビ番組の制作者です。特に、報道番組に興味を持っていて、今では一般的になっている、エンターテインメント性を取り入れた面白いニュース番組を作りたいと考えていました。報道に無関心な若者の「ニュースは面白くないもの」という概念を、自分の力で覆してみたかったのです。

大学進学の際は、どちらの世界に進もうかと悩みましたが、大学で経営や経済を学んだからといって経営者になれるというわけでもないので、ひとまずテレビの世界を目指そうと、映像系の学部に進みました。

ところが入学後、テレビ局のインターンに行ったときのこと。実際にさまざまな現場を体験させてもらうことで、皮肉にもテレビ業界は年功序列の傾向が強く、実力よりも社内政治力の方が重視されがちだということを知りました。その瞬間、「もう、この世界は無いな」と思ったのです。

私は、何事も徹底的に追求しないと気が済まない性分なので、年を取って思うように動けなくなってから成功しても遅いと考えていました。となると、勤続年数がものをいうところでは志を実現できません。そこで改めて、経営者の道を目指すことを決意。

早速、起業家向けのセミナーなどに足を運び、起業して成功するには「営業力」が重要だと学びました。そして、営業力を身に付けられる会社という基準で就活を仕切り直し、内定をいただいた企業の中で最も役職者の平均年齢が若く、革新的な社風を持っていたリクルートに入社。3ヵ月でトップセールスを達成し、退職するまでその座を維持しました。

何をしたと思いますか？

端的に言うと、営業成績が極めて良い上司や先輩の技を盗んだのです。お客さまとの電話に聞き耳を立てるのはもちろん、タイミングを合わせて一緒にトイレに行ったり、帰宅の方向が違う場合でも、偶然を装って同じ電車に乗ってみたり…さまざまな方法で彼らと会話する機会を増やし、いろいろな話を聞かせてもらいました。

なぜこんなことをしたのかというと、営業力を身に付けたいなら、トップセールスマンたちが、何を考え、何をしているかを知ることが一番の近道だと思ったからです。しかも、トップを張る人というのは、本音や手の内を明かすことは、まずありません。それならば、できるだけ近くにいて、自分の目で耳で確かめるしかないでしょう。

そして、もう一つ心掛けていたのは、お客さまに対して嘘をつかないということ。たとえば、若者に不人気な業種の経営者に「求人広告を出せば新卒生を採用できるか？」と聞かれた場合、私は正直に「難しい」と答えていました。というのも、その場限りで良いことを言って売上を作っても、実際に効果がなければ信用も失い、2度と利用していただけなくなるからです。だからこそ私は、「効果は保証できないけれど、誰よりも時間をかけて、真剣にベストな方法を考え、サポートしていくことは保証します」と話し、有言実行することで信頼と売上を勝ち得てきたのです。この姿勢は今でも変わっていません。

こうして、たとえ商材が変わっても必ず売れると自負できるだけの営業力を身に付け、次なる学びを求めてリクルートを巣立ちました。

「売り込みに懸命な会社」と「効果を出すのに懸命な会社」

私が、営業の次に学びたかったのは「集客」です。いかに営業力に自信があっても、ニーズがあるかどうかもわからない先へ、むやみに飛び込むのは非効率。何を扱うにせよ、まずは、お客さまを開拓する手法を確立しておく必要があると考えたのです。そこで、当時急成長しつつあったWEBに着目。まずはホームページを作り、その訪問客に対して営業をかける戦略を取ろうと考え、WEB集客を学び始めました。

そこで迷ったのが、SEOとリスティングのどちらに注力すべきかということ。いろいろと調べていくうちに、最も利用されている検索サイトGoogleの売上の97％がリスティング広告で成り立っているという記事を目にしたのです。

Googleの業績がさらに伸びていくということは、当時、誰の目から見ても明白でした。となると、連動してリスティングはますます進化し、よりユーザーから求められる広告になるのではないか。そして、新しい技術が次々と開発され、「運用」はより難しく、複雑になっていくはず…。ビジネスチャンスを感じた私は、リスティングを選択。早々にリスティング会社へ転職しました。

ところが、実際に働いてみると、朝から晩まで電話営業の日々。広告を「運用」する時間はかなり限られています。しかも、同業他社の状況も大差ない様子でした。そこで思ったのです。「世の中のリスティング会社が営業時間の多くをテレアポに費やしているのなら、私は朝から晩まで広告運用に専念する会社を作ろうじゃないか」と。

広告は効果が命。「自社の売り込みに懸命な会社」と「効果を出すのに懸命な会社」、どちらにニーズがあるのかは明らかです。

こうして２０１１年12月、27歳の時に、「運用」主体のリスティング広告会社、現在の株式会社リンクルの設立に至りました。

リスティング広告とは、ユーザーがGoogleなどの検索画面でキーワードを検索した際、その検索結果に連動して広告を表示し、自社ページに誘導するというものです。

当社の競合にあたるリスティングの代理店は、日本に約700社あります。そんな中で、当社が掲げる強みは「ウェブマーケティングをワンストップで提供できる」こと。

たとえば、リスティング、ウェブ解析、ホームページ制作を別々の会社に委託するとなると、お客さまの手間は増えます。そこで、これらをワンストップで提供することにより、PDCA(Plan、Do、Check、Action)サイクルの高速回転を実現。ページ修正や解析をスピーディーに行うことで、広告効果を飛躍的に高める結果となっています。

また、当社はテレアポなどの無作為な営業ではなく、ホームページ制作会社、コンサル会社などとパートナー契約を進めています。各社のお客さまにウェブ広告をセットで提案してもらい、依頼があった案件に対して、運用を手掛けていくという仕組みです。

当社が創業以来、3年連続でGoogleからExcellent Performer Award(リスティング広告代理店全社中、優秀な成績をおさめたトップ10のみに贈られる賞)を受賞しているのも、こうした差別化の賜物でしょう。

「新卒主導」の体制づくりで若者の夢も支援したい

ところで、営業力を身に付けた私が、テレアポに頼らない会社を作ったのはなぜだと思いますか？　それは、自分が動かなくても、誰が売っても、安定的に売れるツールや仕組みを作ることこそが営業の極み、本質だと気付いたからです。

私が動いて、売上の半分以上を担っているようでは、会社の規模は大きくなりません。売り込まなくてもお客さまが自動的に買ってくれるようなツール、自分たちの代わりに営業をかけてくれるパートナーとの連携、誰にでも売れる仕組みをコントロールできる体制があってこそ、業績は飛躍的に伸び、規模も拡大していけるのです。

そして、こうした体制づくりには、斬新なアイデアを意欲的に形にしていける人材も欠かせません。

そこで当社では、「新卒主導」を掲げ、若い力を積極的に登用する制度を設けています。「flag制度」もその一つ。全メンバーに参加権があるビジネスコンテストで、事業計画書の内容が認められれば、会社出資によってグループ会社を立ち上げられるというものです。

また、「5年以内に10人の起業家を輩出する」ことを目標に、1000万円までの投資を行う起業家支援制度もあります。2014年には、第一弾企業として株式会社リンクルエース（代表 佐藤心也）が生まれ、初年度売上5億円を達成しました。こうした思い切った取り組みを即実行に移せるのも、ベンチャー企業である当社の強みといえるでしょう。

私は、自社を盛り立てたいという気持ちもさることながら、自分と同じように夢のある若者を全力で応援したいという思いも強く持っています。「ウェブ集客力」と「営業力」という2つのビジネスの要を当社で学び、それらを生かして夢を叶えてほしいのです。

どんな夢でもいい。志と情熱を持って働けば、必ずチャンスはやってきます。そして、そのチャンスを逃さず捉えることができれば、夢は叶います。そうやって頑張る若者から、私も新しいことを学び、ずっと成長し続けていたい。それが私の今の夢です。

インタビュアーの目線

さすがは元リクルートのトップセールスマンと思わせる、軽快な語り口の川崎さん。テレビの世界を目指していたというだけあって、サービス精神旺盛でエンターテインメント性に富んだお話に、笑いの絶えない取材となりました。若くて勢いがあり、強いカリスマ性を感じさせる一方、思わず相談したくなるような細やかな気遣いも垣間見ることができ、社内で「兄貴」のように慕われているのも納得です。

株式会社ホスピタリティー&パートナーズ

代表取締役社長

浜井 尚子

Shoko Hamai

1976年、京都府生まれ。1999年、関西学院大学卒業後、外資系大手コンサルティングファームである現・プライスウォーターハウスクーパース株式会社へ入社。2000年、23歳の時にシステム開発で起業。2006年に株式会社ホスピタリティー&パートナーズを創業し、代表取締役社長就任。以後、森ビル・三井不動産などの大手デベロッパーとの提携等により拡大させたペットシッター事業は、都内最大級の規模を誇る。現在では息子を持つ母として妻として、女性であることを楽しみながら、しなやかな経営に取り組んでいる。

CONTACT

東京都渋谷区代々木5-57-8 パークサイド参宮橋1F
http://azabupet.jp/

仕事は自己表現の場であり、修行の場でもある

愛をもって、お客様の想像を超えるサービスを提供する

2006年に「麻布ペット」を開業し、現在はペットサービス企業として、ペットシッター、ペットホテル、トリミング、ペット介護、ペットタクシーといった事業を展開しています。

特にご好評をいただいているのは、お客様のご自宅にお伺いして、大切な家族の一員である愛犬・愛猫のお世話をするペットシッターです。特徴は、細やかな対応と、それに付随するセキュリティの高さ。カメラを完備してリアルタイムでお世話の様子を把握できるようにしているほか、出入りしてほしくない部屋のドアには特殊なシールを貼っていただくことによって入室したか否かがわかるようにし、シッターの入退出もGPSで管理して

います。

クラウドで管理した電子カルテをお客様と共有する取り組みもいち早く行ってきました。常に他社に先んじたサービスを提供しているところが強みであり、お客様に選ばれている理由でしょう。

ペットホテルにしても、一般的には受け入れない老犬やリスクのある犬も受け入れるという点で他社とは一線を画しています。問題行動のある犬でも、どのようにすればお預かりできるかをお客様と一緒に対処方法を考える。どんな難しい要望にも、絶対に「NO」とは言わず、どうすれば可能にできるかをお客様に寄り添い考える。ケガや、命にかかわる病気の動物は預からないというのが業界のスタンダードだと思いますが、私たちは事前に「万が一の場合はどうするか」という点までお話をして、合意を得た上でお預かりしています。

企業としては、リスクは回避したいところですが、それではお客様に必要とされる存在にはなれません。私たちの仕事は、お客様あってこそ。お客様に心から満足していただくためには、要望を100パーセント満たすだけでなく、いつも101パーセントを目指して、想像を超えるサービスを提供していく必要があるのです。ペットが病気をしているけれども、仕事にも行かなければならない、とお困りのお客様がいたら、どんな困難があろうとお客様に尽くす。それがサービス業を行う私たちのあるべき姿です。言うなれば、ザ・リッツ・カールトンのように、お客様に満足を超える「感動」をお届けすることが使命だと考えています。

　こうした信念の土台になっているのは、「麻布ペット」創業の理由でもある「困っている人の役に立ちたい」という思いです。そもそものきっかけは、私の愛犬、ミニチュアピンシャーのチョコをペットホテルに預けたところ、ストレスで自分の足を噛み続け、包帯を巻いて帰ってきたことでした。私が出かけるためにチョコを預ければ、また同じことを繰り返してしまうかもしれない。外出することに罪悪感を覚え、大切な家族のためなら…と、自分のすべてを犠牲にしてでもお世話をしてしまう自分がいました。

　そんなある日、ある方の勧めで「ペットシッター」を依頼してみたところ、自宅での留守番にはまったくストレスを感じなかったチョコは、元気に私の帰りを待っていてくれました。このとき、環境の変化が動物にもたらす影響の大きさを知り、同時にペットと飼い主双方を幸せにするペットシッターというサービスの素晴らしさにも気づいたのです。

　自分のように、愛犬や愛猫を大切に思うからこそ自分を責め、我慢をしている人がきっといるはず。誰かの犠牲のもとに成り立つ幸せがあって良いはずがない。同じような葛藤を抱えている人の役に立てる仕事がしたい。犬も、猫も、人も、皆が幸せになれる毎日を創りたい。そう考えて、2006年に「麻布ペット」を創業しました。

ひとりの母になって、より自然体で仕事に取り組めるようになった

起業家を志したのは、高校生の頃です。大学進学後もその意思に変わりはなく、卒業したらすぐに自分の会社を興そうと考えていたんです。在学中は、1990年代という時代背景もあって、学生イベントが隆盛をきわめていました。私も多くのイベントを主催し、当時大人気だったクラブで催すパーティーはいつも大盛況でした。

そして時代はポケベルから携帯電話へ。自然な流れで携帯電話の販売も行うようになったのですが、ノルマを果たせば1台あたりの報酬がもらえます。当時は機種代金が無料だったので、時代の追い風もあって、それは面白いように契約が取れたものです。「お金を稼ぐのって簡単」と、完全に調子にのっていましたね(笑)。勢いに乗って、そのまま起業するつもりだったのですが、いち早く起業していた先輩から「新卒で就職した会社の名前は、一生聞かれる。一度は就職したほうがいい」と強く勧められ、外資系のコンサルティング会社に就職。1年で辞めると宣言しての入社でした。

入社後はSEとしてシステム関連の知識を蓄え、宣言通りに退職して、まずは中小企業

向けのコンサルティングを開始します。その頃、羽振りのよかった運送屋さんや魚屋さんなどは、請求書は手書きでファックス、仕入れは手計算、という会社ばかりでした。そういう先に営業をかけ、コンサルティング会社の同期に外注で仕事を振るという、持ち前のコミュニケーション能力を生かした形での起業でした。美容系のポータルサイト運営をスタートさせたのも、その頃です。

順風満帆に思えた起業も、すぐに「大学のころのようにうまくはいかない」ということに気づきます。社員に給与が発生することも、事務所を借りるのに予想以上のお金がかかることもまったく計算に入れずに、「私はお金を稼ぐのがうまい」と勘違いしたまま走り出してしまったのですから、今から考えれば当然です。

お金はどんどんなくなり、ポータルサイトも売却せざるを得ませんでした。人を雇うのは大変だと、ようやく気付いたのがこのころです。「女だからという偏見や中傷には負けたくない」と肩に思いっきり力が入ったまま、無理やり自分を鼓舞して働いていたことも、歯車を狂わせた一因だったかもしれませんね。

結局、ポータルサイトだけでなく会社も手放して、しばらくは仕事から離れた生活を送っていたのですが、時間が経つにつれ、また何かをやりたいって思いが強くなってきて…。そんな紆余曲折の末、ようやく〝経営者〟という自覚を持って再スタートを切ったのが、今の会社です。

ただし結局のところ、人生で一番の転機は出産だったと断言できます。それまでは、頑張れば頑張るほど、周りからは「女を武器にしている」という目で見られている気がしてならなかったのですが、子どもを産んでから、やっと「女社長」という偏った先入観から解放されました。女であり社長である前に、ひとりの母であるという事実によって、より自然体で生きられるようになったのかもしれませんね。

「20代のうちに必ず独立する」という強い意志をもって働いてほしい

近い将来の目標は、より大義のある、社会的な問題の解決に直結する仕事をしていくこと。例えば、ご自身の余命を案じてペットを飼うことを躊躇している高齢者の方から信託を受け、飼い主に先立たれたペットを最期まで責任をもってお世話する事業です。そこを障がいのある地元の人が働ける場所にしたいのです。

障がい者雇用は、私が出産するときに「自分の子どもに障がいがあったら」と考えたのを契機として、できることを模索してきた分野でした。障がいのある子どもを授かった親が望むのは、きっとその子の「将来的な自立」でしょう。そして、真の自立に必要なのは、金銭的な援助ではなく、自分自身で稼ぐ力を身につけるための環境ではないでしょうか。障がいの有無にかかわらず、働き続けたいと思う人の力になれる会社でありたいですね。

ペットサービス業界は、総じて離職率が高いと言われています。理由として多いのは、賃金が安いことなど待遇面への不満。確かに、現状の平均的な給与額は、男性が結婚して家族を養っていくには決して十分とは言えません。夢を抱いてこの仕事に就きながら、志半ばで辞めてしまう人が多いのは非常に残念なことです。

当社では業界水準を超える給与額を設定していますが、今後はより多くの人が誇りをもって働き続けられるよう、「のれん分け」の形で店舗を増やし、意欲のある人にどんどん任せていきたいと考えています。経営を軌道に乗せるまでは会社が責任を持って行い、目途がついた段階で売却してフランチャイズ契約をする。この仕組みによって、社員はサロンオーナーとして一国一城の主になることができ、頑張れば頑張っただけ収入を得られるようになります。時間が自由になるので、結婚して子どもを産んでも働けるでしょう。

私自身が出産して感じたのは、子どもと過ごす時間には何ものにも替えがたい価値があるということ。そして仕事も、生きていく上で必要な社会性を磨くために欠かせないものだということです。女性にも、仕事も育児も諦めることなく、両方手に入れられる立場を目指してほしい。これから採用する方には、男女問わず「20代で独立する」という強い意志をもって仕事に取り組み、必ず「自分の店」を手に入れてほしいと思っています。

仕事は自己表現の場であり、修行の場でもあります。苦しいこともあるけれど、好きで始めた仕事なら、愚痴を言って働くより仕事への愛を公言して働けたほうがいい。辛いことがあっても逃げないで働き続けていれば、人生はより豊かに、生きやすくなるのではないでしょうか。

インタビュアーの目線

関西出身ならではの軽快なテンポで繰り出される数々のエピソード。ハングリー精神の源となる高校時代の出会いや大学時代のやり手ぶりに笑いながらも、その地頭の良さに舌を巻き、今後を見据える視線の確かさにうなったインタビューでした。この仕事に向いているのは「愛のある人」と語った浜井さん。社員のより良い未来を創ろうと尽力するその姿勢こそが、「愛」そのものでした。

株式会社ダイヤコーポレーション

代表取締役

太田 大哉

Daiya Ota

1981年、東京都生まれ。2009年4月、ヒュペリオン株式会社(現 株式会社ダイヤコーポレーション)を設立、代表取締役に就任。これまでの常識を打ち破る業者向けブランドオークション「レストランオークション横浜ベイサイド」の運営開始。2012年9月、リユース業界最大手の株式会社コメ兵と「レストランオークション名古屋」の共同運営開始。2013年3月、ヴィンテージセレクトショップ「TIMELESS TOKYO」を運営する、ジェイアンドディーインベストメント株式会社(現・株式会社ディアクロス)を設立、代表取締役に就任(兼任)。2015年にはゼロ円引っ越しを武器に賃貸不動産店「らくベヤ」を展開。弟はサッカー日本代表太田宏介選手。

CONTACT

東京都渋谷区南平台町16-29 グリーン南平台ビル6F
http://www.dai-ya.co.jp /

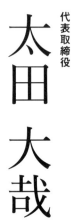

大きな夢を実現させるためには地道さという土台がなければならない

家族への愛が起業家としての出発点

私が起業家を志すきっかけになったのは、父と母の離婚による生活の変化でした。家に帰ってこない父のことを「仕事が忙しいから」と弁明する母の言葉をずっと信じていましたが、実は父には別の家庭があり、借金も抱えていたのです。それを知った私は父のもとへ単身で乗り込み、その場で取り付けた離婚届を母に渡しました。

両親が正式に離婚したあと、それまで暮らしていた一軒家を引き払って母と弟と3人で移り住んだのは、1DKの古びたアパート。陽の当たらない狭い部屋に引っ越した夜、いつか絶対にここから抜け出して、母に親孝行しようと心に決めました。まだ幼い6歳下の弟に真実を知らせるのは酷であり、またサッカーの才能を開花させつつあったことから、詳しいことは打ち明けずに支えていこうとも決意しました。

一日でも早く裕福な暮らしを手に入れて、家族を幸せにしたい。最短でその夢を実現するためには、ずっと人に使われていてはだめだ。私を起業家の道へと駆り立てたのは、この時に芽生えた「母を支え、弟を助ける」という一家の大黒柱としての意識だったと思います。

奨学金で大学へ進んだ後、「ダイヤモンドのように輝いて」という思いが込められた「大哉」という名前に導かれて、就職先は宝石を扱うような仕事がいいと考えるようになり、初めは百貨店の門を叩きました。しかし、その後に参加したリサイクル販売大手大黒屋の説明会で、「リサイクル＝家電や古着」という既成概念が崩され、考えが変わりました。「宝石やブランド品をリサイクルして転売するというニーズが、これからどんどん高まっていく」と聞き、価格が決まっている百貨店よりも、商品の状態や付加価値によって価格変動するリサイクルに大きな可能性を感じたのです。大黒屋で2年半にわたってリサイクルにまつわるビジネスの基礎を学び、最初の会社を設立したのが25歳のとき。その後、紆余曲折を経て2009年に当社を設立しました。

今、当社では、店舗でのブランド品の買い取り・販売と、日本最大級のブランドオークションの展開をビジネスモデルとしています。一般的なリサイクル事業は、お客様から買い取った商品を店舗で販売して利益を得るというシステムですが、当社はさらにB to Bの「レストランオークション」というリアル販路を持っているのが強みです。また、「TIMELESS TOKYO」という名で展開している実店舗のほうは、付加価値をつけて生まれ変わらせた商品だけを再流通させているというところが従来のリサイクルとは大きく異なります。店内には国内外から厳選したラグジュアリーなアイテムを揃えているので、芸能人のお客様も珍しくありません。そうすると、「アイテムの品質」に加えて「憧れの人が通う店」という付加価値が生まれ、顧客層が拡大していくわけです。

当社が大切にしている「REBORN」「NEW BASIC」「SELF REVOLUTION」という3つの言葉がありますが、「レストランオークション」と「TIMELESS TOKYO」はまさにこれらを体現したものだと言えるでしょう。これからも既存の常識にとらわれることなく、世の中に新しいスタンダードを提供していきたいですね。

驕りが生んだ大きな挫折。そこから学んだ「大切なもの」

今でこそ社員との接点を多く持ち、社員に感謝する日々を送っていますが、最初に独立を果たした時は真逆の経営者でした。リサイクルの会社で働いて貯めこんだたくさんのビジネスの種をどう開花させるか。それだけを考えていたのです。毎日の交流会で得た情報や知識を蓄積して、満を持して起業したつもりでした。実際、経営は順調で、毎月増収増益。他の会社と合併して店舗数を増やし、会社は年商数十億円を超える規模へと飛躍的な成長を遂げました。若かった私は、その成長ぶりを肌で感じるにつれて、「なんだ、簡単じゃないか」と仕事を軽んじるようになっていったのだと思います。それが私の驕りでした。そして、驕りはみるみるうちに膨らみ、過信へとつながっていきました。次から次へと入ってくる新しいスタッフたちは、勢いに乗っている私に憧れ、「ダイヤさんはすごい」と言ってくれました。スタッフの賛辞を受けるたびに、そこにいるのが自分ではないような落ち着かない気分にとらわれながらも、ひたすら拡大路線を突き進んでいきました。

そして、破綻がやって来ます。実質的オーナーから突然、「明日から来なくていい」と宣告されたのです。それでもまだ自分の実態に気づいていなかった私は、憤りのままに、スタッフを全員引き連れてやめようと考えました。しかし、現実はそう甘くはありません。

日々の生活がかかっているスタッフたちは、誰ひとりとして私については来ませんでした。虚像化した自分を崇めてくれるスタッフとの間には、薄っぺらな人間関係しか築けていなかったということに気づいた瞬間でした。

自分を信じて入社してくれたスタッフを残して会社を離れなければならない辛さは、筆舌に尽くしがたいものがありました。私はひとりその辛さと向き合うために、あえて当時住んでいたマンションの1階にあるコンビニエンスストアでアルバイトをしながら、一緒に連れていけなかったスタッフのためにも再起を誓いました。

今、私が社員との関係作りに力を入れているのは、このときの挫折があったからです。最初の会社での私は「みんな俺について来い」というスタンスで、自分の気持ちを理解してもらうことには力を入れても、スタッフの気持ちを知ろうとはしませんでした。上辺だけの会話で、わかり合えたつもりになっていました。それが取り返しのつかない失敗を招いたということを肝に銘じて、ありのままの自分で社員と向き合うこと、自由でフラットな組織を作ることを何よりも大切にしています。Face to Faceのコミュニケーションはもちろん、社内にあるいくつかのLINEのグループに私も入って、仕事の話はもちろん恋愛の話をしたり、他愛のない雑談をしたり、趣味の話をしたり…。

そこから生まれた社員への思いや仕事に対する情熱は、いつも弟と共有して、社員、取引先、お客様、家族などに支えられてビジネスが成り立っていることを忘れないようにしています。私にとって弟は、父親代わりになって守るべき存在でしたが、彼がJリーガーになり、日本代表に選ばれ、さらには欧州へ渡る姿を見ているうちに、まるで「もうひとりの自分」のように感じるようになりました。違うフィールドで活躍する彼を見て、私も前に進むことができる。彼の成功があるから、私も努力し続けることができる。弟にとっての私もそうでありたいという願いも、強いモチベーションになっています。

仕事は「何をやるか」より「誰とやるか」

私たちの組織は、株式会社ダイヤコーポレーションのほか、不動産店「らくベヤ」を運営する株式会社ディアリンク、ヴィンテージセレクトショップ「TIMELESS TOKYO」を運営する株式会社ディアクロスという合計3つの会社から成り立っています。それぞれ役割が違う会社ですが、スタッフは、事業も会社も跨いでやりたいことにチャレンジすることができます。興味のあることが社内でできないのであれば、できる環境を創ればいいと思っています。

社内ベンチャーも大歓迎です。ただ、ベンチャーで成功するのは予想以上に難しいものです。私自身も、企《たくら》みを隠した大人が近寄ってくる一方で、心を許して相談できる人はいないという現実に苦しみました。そこで私たちは、何か新しいことを始めたいというスタッフがいた場合には、完全な独立起業というよりも、グループ企業のひとつとして、立ち上げから軌道に乗るまでを支援しています。

今ここにない何かを生み出したいという夢を追うのはとても素晴らしいことです。しかし、夢を実現するためには、まず足元をしっかりと固めなければなりません。これも、私自身が夢ばかり追って足元をすくわれた経験があるからこそ言えることです。理想を追って上へ上へとのぼっていくためには、地道さという土台がなければならないのです。これから夢の実現に向けて動き出す人には、まずは現実的で手の届く目標を定めて、それをひとつずつクリアしていくことをおすすめします。定める目標は、些細なことで構いません。遠回りのようですが、着実に夢へ近づいていけるはずです。

そして、もうひとつ忘れてほしくないのが、「自信と過信は紙一重」であるということ。これは、弟が移籍を決めたとき、チームメイトで元日本代表の三浦淳寛さんから掛けていただいた言葉です。自信がついたな、と思ったときこそ「これは過信ではないか」と自分に問いかけてみることで、裸の王様にならずに済むのではないでしょうか。
最後に、「何をやるか」ではなく「誰とやるか」という視点でも仕事について考えてほしいと思います。私は以前、「何をやるか」だけを考えて仲間を失いました。人とのつながりを重んじるようになって感じるのは、支えられていることを忘れず、謙虚な気持ちを失わないことが、成功への近道なのではないかということです。「一緒に働きたい」と思える人、思ってくれる人をこれからも大切にしていきたい。スタッフにもそうであってほしいですね。

インタビュアーの目線

浅黒い肌に精悍な顔つき、がっしりとした体軀《たいく》。堂々たる空気感に気圧《けお》されそうになった瞬間、「よろしくお願いします!」と爽やかな挨拶をしてくれた太田さん。お話ししてみると真摯で真面目、ひたむきな努力家ぶりはまるでスポーツ選手のようで良い意味でのギャップに驚きます。母を支え、弟を助けて生きてきた一家の大黒柱としての胆力が、そんな人間性を形作ったのでしょう。

株式会社グリーンイノベーションズホールディングス

代表取締役社長

都築 博志

Hiroshi Tsuzuki

1976年、大阪府生まれ。100社100人の社長の創出を自身の夢とし、企業規模拡大のため、新規事業にも積極的に取り組む。今ある能力よりも、成長したいと思う気持ちとチャレンジの場が人を成長させるというのが、人材育成に関する考え方であり、自身も仕事、プライベート問わず多くのチャレンジをすることで社員に背中を見せている。座右の銘は「明日死んでも後悔しないように今日を生きる」。

CONTACT
東京都品川区西五反田1-30-2 ウィン五反田ビル3F
http://www.green-i-holdings.co.jp/

20代のうちに仕事も遊びも全力でやれば、人生は自分でいくらでも楽しくできる

自分探しと父親への義理から始まったビジネスの道

私の社会人デビューは、総合職として入社した運送会社に遡ります。そこでは3年間、一生懸命働いたのですが、社長の親族しか経営幹部になれないと聞いて、すっかりやる気をなくしてしまいました。自分は何をしたいのか。いわゆる〝自分探し〟をするために、私が踏み出した次のステップは、フリーター生活でした。それからというもの、本当に色々な仕事を経験しました。ケーキ作りにパチンコ店、自分で商売をやってみたくてたこ焼き屋に弟子入りしてお店を開いてみたり、俳優に挑戦してチンピラ役で映画に出てみたり…。けれども、どの職業もずっとやり続けた先に成功するイメージが湧きません。

電気屋を営む父親から連絡があったのは、そんなタイミングです。「話があるから帰っ

てこい」と聞いて駆けつけてみれば、「実は借金が四千万あるから返済を手伝ってくれ」と頼まれました。一瞬戸惑いましたが、親は親ですし、生んでもらった義理もあります。

こうして、20代前半、私は借金を完済したら辞める約束で、当時はまったく興味のなかった、父親の会社「街の電気屋さん」に入りました。当時はビジネス書の存在すら知りませんでしたが、自分なりに他社を研究して、飛び込み営業やポスティングなど、試行錯誤を繰り返しながら、営業や新規顧客獲得のノウハウを学んでいきました。

その後、国がオール電化を推奨し始めたこともあり、私たちの会社もオール電化やエコキュート、IHクッキングヒーターの販売を開始し、一気に全国展開を図って大成功しました。ちょうどオール電化が日本に普及する波に乗れたのが大きかったですね。提案すればいくらでも売れる状況に、「俺って天才かもしれない」とすっかり有頂天になっていました。(笑)

高い目標に挑んだからこそ成長できた

オール電化事業の成果が出始めて間もなくして借金は完済できたのですが、全国に支店を作り、従業員も大量に採用した手前、会社からは今さら抜けられない状況になっていました。またその頃には、「〝街の電気屋〟は嫌だけど、この会社を大きくするのは面白いかもしれない」と思うようになっていたのです。

会社の成長を意識し始めると同時に、強い危機感が芽生え始めます。当時はオール電化事業に注力していれば利益が出る時代でしたが、国策というテコの原理が働くことで急伸した事業だけに、いつか必ず衰退する。しかも、突然にその瞬間は来る。オール電化と共に終焉を迎える会社にしないために、将来に思いを巡らせているうちに、これまで無我夢中に突っ走るばかりで、会社のビジョンや目標がないことに気付きました。目指すべき山は高くなければ登る価値がない。そう考えた私は、「10年後に売上一千億企業になる」という壮大な目標を立てました。それは、オール電化事業だけでは到底達することのできない、当時の新規事業だった太陽光発電の販売を見込んでもまだ届かない、未知の数字です。

それからというもの、目標から逆算した長期的な視点で会社経営を考え始め、株式公開を目指すことと東京への本社移転を決め、より強い会社づくりへと動き出しました。オール電化に代わる新規事業として、リフォームの総合ショップやリノベーション事業、ウェブを活用した賃貸仲介事業などにも着手。たくさん挑戦して、たくさん失敗して、時には億単位の損失も経験しながら、そのいくつかは新しい事業の柱として形になりました。

現在、その時に掲げた目標にはまだまだ届いてはいないのですが、思い返せば、ビジネスが順調だった時期に極めて高いゴールを掲げたからこそ、貪欲な上昇志向が生まれ、会社も今日までこのように成長して来られたのだと思います。

激動の時代もしぶとく勝ち残れる総合格闘家を目指して

2011年の東日本大震災を境にオール電化の市場が厳しくなり、一方で家庭用の太陽光発電が一躍脚光を浴び始めたので、事業の軸足を太陽光発電のリフォーム設置にシフトしました。その一方で、太陽光発電も早晩オール電化と同じ道をたどることは予想できたので、会社を「より生き残りやすいグループ企業体」へと進化させるために、周辺事業の拡充を図ることにしました。というのも、私たちはお客様のご自宅に訪問するビジネスなので、太陽光発電でお取引いただいたお客様に、リフォームや火災保険、生命保険などを提案することは、比較的容易な横展開なのです。

太陽光発電の販売方法も、大手ホームセンターと業務提携し、そのネームバリューで営業ができるようになったおかげで、以前よりずっと多くのお客様にサービスを提供できる環境を手に入れました。

そして昨年、不動産・リフォーム・新築・保険と4つのサービスをワンストップで提供する店舗型ビジネスを立ち上げました。お客様にとってベストな住まいを総合的なサービスでクリエイトしていく、この事業にて、日本一の店舗数を目指すのが当面の目標です。

私たちの予想通り、太陽光の分野もここ数年でマーケットが大きく変化する中、自社の営業力のみを頼りに、オール電化もしくは太陽光だけに事業を絞ってきた同業他社の多くは、次々と廃業に追い込まれています。

ビジネスの世界はある意味で戦いです。格闘技に例えるなら、創業当時の私たちや、廃業していった同業者は、いわばパンチだけが頼りのボクサーのようなもの。私たちは強くなるために、途中で蹴り技を覚えてキックボクサーに転向できました。これからは、パンチ、キック、寝技、投げ技とあらゆる角度から攻められる「総合格闘家」となって、激動の時代もしぶとく勝ち残れる企業を目指したいと思っています。

目の前にいる社員とお客様を幸せにしてこその会社経営

現在の従業員数はアルバイトを含めて300名弱。強い組織を築くためには、社内の人間関係、仲間との絆作りが大切だと思っています。そのために、朝礼時に部署をシャッフルしたチームでディスカッションをしたり、全社をあげて運動会をしたり、楽しみながら相互理解を深めるイベントを絶えず取り入れています。

みんなも私のイベント好きは心得ていて、毎年誕生日にはサプライズ企画を仕掛けてくれるのです。去年は社内縁日、今年はマグロの解体ショーでお祝いしてくれました。恒例なので、何かありそうな雰囲気は薄々感じるのですが、忙しい中、毎年趣向を凝らしてくれるみんなの気持ちが嬉しくて、騙されるのも楽しみのうちになっています。私自身、飲み会やバーベキューなどのイベントでみんなが楽しそうにしている光景を見ながらお酒を飲んでいる時が、「会社をやっていてよかった」と一番実感できる瞬間です。

経営者である以上、会社を存続させ、利益を上げるのは大前提ですが、目標達成をすることよりも、社員の皆に「この会社に入って本当によかった」と思われるほうが、私にとっては重要なこと。仮に「こんな会社に入らなければよかった」「この会社にいても幸せじゃない」と思われるようなら、私にはもはや経営する意味がないのです。

そう強く思うようになったのも、東日本大震災がきっかけかもしれません。震災直後、商品の生産や輸送が止まり、半年で4億円もの損失が出ました。自己破産の文字が頭をよぎる中、それ以前に命に危険が及ぶかもしれないと思った時に、いつこの世を去ることになっても悔いのないように生きたい、と強く思いました。

私にとって悔いがないとは、社員からは「この会社で働いてよかった」、お客様からは

「この会社に任せてよかった」と思って頂くことです。一期一会、目の前にいる社員とお客様を幸せにしてこその会社経営だと、今、心から思います。

循環し続ける森のようにすべての人が共存共栄できる企業

残念なことに、住宅業界はいまだに目先の売上を優先するいい加減な営業スタイルや悪徳リフォームが横行し、働く従業員にとっても、なかなか休みが取れないきつい業界です。だからこそ私たちは、焼畑農業のような一過性の利益を追う仕事は厳に慎み、一見遠回りでも、お客様に正しい情報、適正なサービスを提供して、きちんと満足していただくことで、お客様に信頼していただきたいと考えます。一人ひとりのお客様と末長くお付き合いできる関係を築き、その結果として利益が出る。そんな事業のあり方を追求しています。

グループの将来像として「循環し続ける森のようなベンチャーグループの形成」を掲げ、関わる全ての人が永く共存共栄できる企業を志向しています。その一環として、みんながしっかりと週休を取得し、プライベートも充実できるようにしたいですね。

社内の部活動も、今後はもっと充実させたいと思っています。私たちの仕事はお客様相手なので、必ずしも土日休みとは限りませんが、試合や大会はどうしても週末に集中してしまいます。そこを何とか工夫して、選手は土日に休んで、部活動に参加できる環境を作っていきたいのです。

私も若い頃はよくわかりませんでしたが、人生は自分でいくらでも楽しいものにできます。でも楽しくするためには、体力のある20代に仕事を全力でやって、遊ぶ時はちゃんと全力で遊んだほうがいい。20代なら何でも挑戦できるし、失敗しても何とでもリカバリーできるのです。だからこそ、20代の頃にこれから伸びていくベンチャー企業に身を置くことは、仕事も遊びも全力で楽しめる素晴らしい経験になると思います。

インタビュアーの目線

壮大な目標を掲げ、業界に変革をもたらそうと戦う起業家でありながら、社員の方ともフランクに同じ目線で楽しそうに話をする都築さん。社員のみんなが楽しそうにしている様子を見るのが本当にお好きなのだとわかります。また、泳ぎは得意でないのに、初めてのトライアスロンに挑戦して完走してしまうあたりは、愚直なチャレンジャーとしての強さを感じました。

株式会社ロペライオ

代表取締役会長

早水 彰

Akira Hayamizu

1971年、千葉県生まれ。学生時代に経験した中古車販売店のアルバイトを経て、19歳で大学を中退し、現・ロペライオとなる輸入中古車販売会社を創業。以後、紆余曲折の経営を続けるも、26歳のときに「易きに流されず自分の理想とする会社をつくる」と一念発起して、経営の抜本的見直しに着手。以降、18期連続増収を続けるなどして2015年度売上高110億円・延べ販売客数1万5000人と、高級輸入中古車の分野で日本一の販売実績を持つ企業へと成長させ、現在に至る。

CONTACT

東京都練馬区高野台 3-15-35
http://www.loperaio.co.jp/

人は試練を重ねるたびに強くなれる 人は失敗からしか学べない

複数戦略を駆使し独自のポジションを築く

主な事業は輸入中古車の販売、映画、テレビの劇中使用車のレンタル事業、月々決まった会費でいろいろな車に乗れる「プレミアムオーナーズクラブ」を主力に、グループ会社ロペライオソリューションズでは、車の延長保証、ウェブや人材領域のコンサルティングなどにも携わっています。

事業の柱である輸入中古車事業は資産も貯まり、何か贅沢したいと思った時に車が選択肢に入るようなニューリッチ層がメインのお客様です。人気のある輸入車は、新車では数ヵ月の納車待ちもざらですが、在庫がある中古車なら当日に乗って帰ることも可能。そんなところが好評で政治家、有名芸能人、歌舞伎役者、スポーツ選手のお客様も多いですね。

業種的には「中古車専業店」となりますが、その中でも輸入車に強い「日本一高額な車を販売する専業店」を自負しています。中古車販売業界は、圧倒的な知名度と集客力を持つ二強のポータルサイトがあるため、集客の難しい業界と言われますが、私たちはこの二強で拾えなかったお客様をいかに取り込むかを常に研究、実行しています。ウェブマーケティングを内製化しているのは、業界内では弊社くらいではないでしょうか。

「フェラーリに乗る最短ルート」が中古車販売だった

父がプラスチック工場を経営していたせいか、子供の頃から漠然と「将来は社長になる」と決めていました。友達の中でも親分肌な存在だったようで、面白い遊びや、友達とどこかへ行く企画を率先して考えるような子供でした。

大学は当時流行っていたアメリカの大学の日本分校に入ったものの、これがつまらないんです。通学しながら、「英語がしゃべれても、他に取り柄がなかったら、こうして背広を着て毎日通勤することになる。満員電車は嫌だな」などと考えていました。

そんなあるとき、以前通っていた美容師さんがテレビに出ていて、セレブ御用達のカリスマ社長として、自宅ガレージに並ぶ真っ赤なフェラーリ6台とともに紹介されていました。それからというもの「僕も早くあんなふうにフェラーリに乗りたい。そのために今から何をすればいい？」と考えるようになり、ふと近所の中古車店に停まっているフェラーリを見て、「これだ！」と起業のシナリオが頭に浮かびました。私の人生が大きく動き出したのは、そこでアルバイトを始めてからでした。

18歳で修羅場のような経験、濃密な半年間

中古店の社長から「半年で一人前にしてやる」と言われた私は、毎日朝7時から翌朝4時頃まで、休日なしで必死に働きました。後から気づいたのですが、その店の常連客は一癖も二癖もある〝いかつい方々〟ばかりで、そんなお客さんと長年渡り合ってきた社長も、ほとんどヤクザみたいな人なんです。

ポンコツを応急処置みたいな修理だけで売ってしまうので、当然毎日のように「社長を出せ！」と、血走った形相でお客さんが怒鳴り込んできます。そのクレームに対応していたのは、当時弱冠18歳の私一人…。本当に怖かったのですが、社長に言われた通り対応するうちに、どんなに怖そうなお客さんも別に暴力を振るうわけではないし、クレーム内容も実は大したことはないとわかり、だんだんと冷静に対処できるようになりました。

この経験で度胸もつき、一見こわもてのお客様にもどう対応すべきかを心得ていたので、独立後は若くしてすんなり業界に入ることができましたね。ずいぶんと無理難題を押し付けてきた社長でしたが、今となってはとても感謝しています。

この間に、大学はバイトを始めてすぐに辞めました。車の仕事を覚えることが起業への最短ルートだと思っていたので、中退して起業したことに迷いや後悔はありませんでした。そしてバイトを辞めた後は、社長から無理に買わされたベンツを元手に、わらしべ長者のように中古車を転売して資金を増やし、大学にたくさんいたお金持ちの友達に車を売りまくって、20歳のバースデーでショールームを開店するに至りました。「ロペライオ」という社名はイタリア語で職人とか熟練工という意味で、「どんなに偉くなっても、職人気質のような気持ちは忘れまい」という想いからつけました。

試練を重ねるたびに強くなった20代

しかし商売はそう甘くはありません。経営はみるみるじり貧になり、23歳の頃には数千万円の負債へと膨れ上がりました。銀行からの借り入れもできなかったため、複数の消費者金融から借金していたのですが、その債権を買った街金の回収業者からは、ものすごく怖い口調の督促電話が日に何十件とかかってきます。取り立て屋のような怖い人が大勢でお店に来ることもあって、それは修羅場でしたが、お客様にはまるで儲かっているかのように涼しい顔で接していましたから、精神的にかなりきつかったです。

そんな時でした。経営が苦しくて、もう死のうかと思っていると、子供の頃飼っていた犬のペロが夢に出てきてこう言うのです。「僕の名前を逆から読んでみて」…。ちょうど「犬は一生懸命育てれば大きくなるのに、会社はどうしてうまくいかないんだろう」と思い返していたので驚きましたが、すぐに夢の意味がわかりました。そう…「ロペライオ」を逆から読むと「おいらペロ」だったんです。

私にはこれが偶然ではなく、まるで神様が書いたシナリオに思え、それならコツコツ努力すれば会社もペロのように必ず大きく育つはず、となぜか気持ちが楽になりました。

そこからまた死ぬ気で頑張り、28歳の頃にようやく経営は安定しました。節約の重要さを覚え、リターンが一番大きいモノは何かを常に考える習慣がつきました。その一方で、どんなに利益が出ようと、どんなに良い人材が現れても「そんなに運がいいはずはない」とネガティブ思考が抜けず、常に働き続けていないと不安な20代でした。

30歳の頃、ついに自分でフェラーリを買えるぐらいまで会社が大きくなり、勢いに乗って日本に2台しかない稀少なフェラーリを手に入れました。会社で一番の高級車を保管する室内駐車場にその車を停め、社員からも「よかったですね！」と声をかけられ帰宅したのですが、やはり人生よく出来たものです。翌朝、駐車場に行ってみると、私のフェラーリが影も形もなくなっているではありませんか。調べたところ、たった一晩の間に車の窃盗グループに盗まれてしまったようです。

そのときはすごく落胆しましたが、すぐに「これは自分を甘やかすのはまだ早いという意味なのだろう」と理解し、「将来、社員がたくさん増えたら、このネタで酒を飲んでやる」と再奮起して、また35歳ぐらいまで頑張ることができました。仕入れも経理も財務もすべて自分で管理していた私ですが、おかげさまでその後、業界でも有名な、私よりも優秀な人材を社長に迎えることができたので、現在は会長職に退いています。

若い頃の失敗は「必要経費」

私の母親は、夕食の時間に私の友達が家に来たら、その子には自分の分を食べさせ、自分は後でお茶漬けを食べているような人でした。私も人に喜んでもらえると損得抜きで嬉しく感じるのは、そういう血筋のせいかもしれません。

お客様にも社員にも、そんな愛情表現を常に心がけ、会社経営では「感謝」を大事にしています。社員全員が、毎月社内の誰かに感謝の気持ちを伝える「感謝カード」という仕組みを作り、年間大賞者には海外で表彰をしています。

私は、失敗は必要経費だと思っているので、お客様に迷惑のかからない社内行事などは、あえて不慣れな社員を幹事に選びます。当社の社員旅行は毎年海外という暗黙の決まりがあるのですが、なぜか行き先が沖縄という年がありました。幹事なりに考えての選択だろうと決定を尊重しましたが、後で理由を聞いてみると「僕が行きたかったんですが、だめでしたか?」と言うのです。先輩社員が半ば呆れながら「社員旅行が海外だと優秀な新卒が入ってくるだろう?」と教えると、「そこまで考えていませんでした」とわかってくれました。人は失敗からしか学べないのです。

強みを活かしたお客様に喜ばれる事業を

私たちは輸入車に詳しい専業店という強みを生かし、今後もどんどん新しいことを展開したいと考えています。最近では、ある国産自動車メーカーが新しい車を開発する際に、私たちが在庫していたドイツ車を全部レンタルしました。実はこれまで、新車開発の度に、その時期にベンチマークすべきヨーロッパ車をすべて新車で購入していたというので、レンタルによってコストが5分の1になったとすごく喜ばれました。輸入車についてこれだけ幅広い車種の知識、修理経験がある会社は他にないので、今後はこの強みを保証事業にも活かしたいと思っています。

ところで、あんなに憧れていたフェラーリですが、35歳の頃に急に車に興味がなくなり、もう乗れるなら何でもよくなってしまいました。今は年に1回、役員が見つくろってくれる自社の車をありがたく乗らせていただいています。

インタビュアーの目線

一見、いかついイメージの早水さんですが、それは25年にわたり、生き馬の目を抜く世界で勝ち抜くための演出だそうで、実際にお話しすると柔和な眼差しの奥に、懐の深い愛情を感じます。まるで映画のシナリオのように波瀾万丈な半生を、あっけらかんと楽しそうに語れるのは、家族からたっぷり注がれた愛情と、十代の頃から自らに課した苦労の数々があればこそなのでしょう。

株式会社マーキュリー

代表取締役

陣 隆浩

Takahiro Jin

1986年明治大学を1年で中退し、不動産会社に入社。その6ヵ月後に親友と2人で起業。一時はバブルの波に乗り業績も急上昇しつつも、バブルがはじけあえなく倒産。1996年に再起を懸け、当社の前身となるIT企業に入社するも2年後に倒産。残ったメンバーと会社を設立、2003年3月株式会社マーキュリーの代表取締役に就任。現在は上場を視野に入れながら、「不動産情報革命」をテーマに不動産業界の常識を覆す新たなサービスを展開し、不動産取引に関わる多くの人の満足を創造するべく邁進している。

CONTACT
東京都新宿区西新宿2-6-1 新宿住友ビル43F
http://mcury.jp/

覚悟と責任を伴った決断が人を成長させる。確認はしても、質問はしない

デベロッパーの必需品「マンションサマリ」

当社の主力サービスは「マンションサマリ」という不動産マーケティングシステムです。三菱地所、住友不動産、大京など首都圏のデベロッパー（開発業者）の90%、関西圏、東海圏でも約60%にあたる約350社に導入いただいており、このシステム無くしては開発に支障をきたすと言っていただけるほどの役割を担っています。

どんなシステムかといえば、まずは分譲マンションが売り出される際に作られるパンフレットや価格表を独自のルートで入手します。そしてそれぞれのマンションの販売状況を毎月ヒアリングすることによって、その地域ではどのような階数、間取りのマンションがいくらで売れているのかをデータベース化していきます。このデータがマンション開発で

は極めて重要なのです。

デベロッパーはマンションを建てる土地を常々探しているわけですが、マンションサマリを見れば、土地の仕入れ価格、マンションの販売価格や平方メートル数、間取りなど、重要な判断ができるのです。今では大手デベロッパーの土地の仕入れなどの稟議書や企画書、提案書には、ほとんどマンションサマリのデータが添付されています。

これだけ業界内で普及したおかげで、新規契約のほとんどが紹介によるものです。人材は不動産業界内で流動することが多いので、当社のサマリを利用していた方が転職先で導入していただくケースも少なくありません。

その他にも「賃貸サマリ」「売買サマリ」「地質サマリ」「統計サマリ」などのサービスをご提供していますが、いずれも先方の倒産やマンション事業からの撤退以外では解約もほとんどないため、当社にとっては極めて安定した、主たる収益源になっています。

野球、ラグビーで活躍後、大学1年で中退&起業

「社員の育成とは自信をつけさせること」というのが私の持論ですが、振り返ってみると私自身は小学生の頃から相当な自信家だったようです。学級委員と生徒会長を歴任しなが

ら、スポーツも得意、それに少し目立ちたがり屋のところもあったと思います。当時、甲子園のアイドルとして持てはやされていた鹿児島実業高等学校の定岡正二さんの活躍に影響されて、私も鹿児島実業に行って野球をすると決めていました。まだ中学で身長もそれほどではなく、9番バッターだったので周囲からは反対されましたが、高校1年生の秋にはベンチ入りし、2年生の春には九州大会の優勝メンバーになっていました。

ところが…いよいよ次は甲子園というときに事件が起こります。野球部に限らず、その頃の体育会は上下関係が厳しく、下級生が先輩から理不尽な扱いを受けることも多くありました。私は正義感から「野球部を改革する！」と、同級生と共に行動を起こそうとしたのですが、結果的にはそれがきっかけで、野球部を辞めざるを得なくなりました。

野球を辞めてからは、遊んでばかり。ある時、先生から「エネルギーを持て余しているならスポーツをやりなさい」と諭され、すでに3年生ながら、以前から興味があったラグビー部に入れてもらいました。その年の鹿児島実業は花園(全国高校ラグビー)に初出場を果たす強豪でしたが、私は不遜にも「国立でプレーする」と公言していました。

当時高校生が国立競技場でプレーできるのは、全国の高校から東軍、西軍のベスト15が選出されて戦う高校東西対抗試合だけでしたが、私はあろうことか、今話題の五郎丸選手と同じ、フルバックとしてベストフィフティーンに選ばれ、更に高校日本代表入りを果たしました。

しかし、その後はラグビー推薦で明治大学へ入ったものの、高2の時から一緒に起業しようと話をしていて既に就職していた親友が「この会社で偉くなるには何年もかかる。自分たちで会社をやろう。オレも会社を辞めるから、お前も大学を辞めろ」と言い出します。推薦で入った大学を、結局6ヵ月で中退。母校には大変なご迷惑をおかけしたと反省しています。

バブル崩壊でどん底に。その末に出会った新ビジネス

当時はバブル経済の真っ只中。親友と一緒に知り合いの不動産会社に入社して6ヵ月で、1億円もの資金を提供してくれるという人と出会い、2人で起業しました。バブルの波に乗って、22歳の頃には社員は100人、赤坂に55億円の自社ビルも買って「人生ってこんなに楽しいんだ！」と有頂天になりました。

そんな矢先、バブルがはじけ、ブラックマンデーの翌日は社内に貼られていた成約の短冊が半分落ちました。22歳の若者に保証人なしで120億円も貸していた銀行は、慌てて社長室に駆け込んでくる。自社ビルも30億円でしか売れない。あっけなく会社はダメにな

りました。

ぜいたく三昧を続けていた私は「この歳で人生は終わったのか」と思うくらい辛い思いはしましたが、すぐに高級車を手放し、ワンルームマンションに引っ越したのは正解でした。あのまま、ぬくぬく暮らしていたら、きっとゆでガエルになっていたことでしょう。

それから不動産業界でいくつか仕事をした後、29歳の時に今の会社の前身となるＩＴ企業に出会いました。今のサマリと同じようなデータを提供していたのですが、初めて見た時に「こんなすごいシステムがあるのか！」と鳥肌が立ったのを覚えています。社長が知り合いだった縁もあり、そこへ入社したのですが、お客様のためになると思ってする営業はとても楽しかったです。

しかし2年後にあえなく会社は倒産。残ったメンバーとお客様のフォローを始めたのが今の会社の起こりです。お客様にしてみれば、リース契約で導入したシステムが突然使えなくなったうえに、リース料は払い続けなければならないわけです。憤慨するお客様に頭を下げて、「自分たちがデータを更新します」と提案し、納得していただきました。この時の商品のブラッシュアップと営業の強さが、今の圧倒的なシェアの礎になっています。

「全員社長」の意識と覚悟を持って来てほしい

当社では「GO!GO!GO!(555)」と銘打ち、創業30周年の2021年2月期に売上500億円、営業利益50億円、社員500人という目標を掲げています。2015年にはそのための成長ドライバーとなる新規事業を立ち上げています。

1つは「マンションバリュー」というBtoCのサービスです。当社には新築分譲マンション25年分、250万戸のデータが蓄積されています。その250万戸のオーナーさんに、現在の売買価格、賃貸価格の相場を無料で見られるようにするサービスです。これは前述の価格表を持っている当社だからこそできるサービスで、マンションオーナーと、そのマンションを買いたい人、借りたい人とのマッチングを考えています。

もう1つ、「リアルネット」というBtoBのサービスもスタートしました。金融業界では誰もが1日1回は必ず見ると言われる「ブルームバーグ」というサイトがありますが、いわばその不動産版みたいなものです。不動産業界に従事している方々に登録してもらい、私たちと登録ユーザーが相互に情報発信。その中でさまざまなマッチングを実現していきます。

当社には「全員社長」というスローガンがあります。「自分がこの会社の社長、事業の責任者だったらどう動くか。それを常に考えてください」という全社員へのメッセージです。今、私が社長という役割を担っているのは、みんなより能力が高いからではなく、誰よりも多くチャレンジして失敗を経験しているからだと思うのです。「失敗」とは「敗けを失くす」と書きますよね。敗けない確率が誰よりも高いから、私が最終決断者をやっているにすぎないのです。

実際に現場はすべて社員に任せています。私の役割は新しいビジネスのアイデアを考えること。現在の新サービスも5年前から考えて、試行錯誤の結果、いくつもの失敗を重ねた末に生まれたものです。

また、覚悟と責任を伴った決断が最も人を成長させる行動だと信じているので、「確認はしても、質問はしない」のも弊社のルール。「AとBでは、こういう理由でAがいいと思います。よろしいですか?」というのは確認ですが、「お客様が値下げを要求していま す。どうしたらいいですか?」というのは質問です。これだと自身が決断していないので、折角の成長の機会を活かしていないと思います。

新入社員には1年間、毎週課題本を出し、レビューを書いてもらっています。毎週木曜の朝9時から1時間、私も参加して、その内容をどう業務に落とし込んでいくか、ディスカッションをします。本は毎年、社員たちの意見で入れ替えますが、松下幸之助さん、稲盛和夫さんの引き寄せの法則的な本から、私が信奉する「思考は現実化する」へと続きます。私が野球やラグビーで成功できたのも、大反対されても自分の思いがあったからです。能力なんて関係ない。強い願望を持つことが大事だと思っています。

会社の方針などを網羅したフィロカードには「強烈な願望と成し遂げる覚悟を持ち、サービス精神とチャレンジ精神が旺盛で、颯爽としたいい奴が集う、このコミュニティーに対し、１人１人が貢献し盛り上げようと切磋琢磨している」と書かれています。実際にそれを具現化し、行動してくれる人に来てもらいたいですね。「これはやっちゃダメ」と私は言ったことがありません。こういう人間になりたい、こういう状況を作り出したいという思いと「やっちゃいましょう」の精神を持っている人を待っています。

インタビュアーの目線

一見するとセルロイドの眼鏡が似合うクールな二枚目。聞けば、学級委員長や生徒会長、全国レベルのスポーツ選手、そしてバブル期の栄華と、神様に二物も三物も与えられたような人生の陣さんですが、その反面、常人では体験できない地獄も味わっているという振れ幅が、社員への寛容な包容力に表れているようです。新たに打ち立てた挑戦もスマートにやり遂げてしまいそうですね。

株式会社メディアハーツ

代表取締役

三崎　優太

Yuta Misaki

1989年北海道生まれ。「稼がなくてはならない」という想いに駆られていた高校3年時、書店でたまたま手に取ったアフィリエイトの本がきっかけで、高校卒業直後には月400万円以上を稼ぎ出すスーパーアフィリエイターに。その後、18歳でメディアハーツを立ち上げる。事実上の休眠期を経て、2014年に美容通販業界に参入すると「すっきりフルーツ青汁」が累計1000万本の大ブレイク。業界内では後発の存在ながら、《ITと美容の融合》を理念に掲げ、急激にシェアを拡大中。一見、型破りに見えるが、綿密かつ徹底的に計算された戦略術を持ち合わせ、新しいタイプの経営者として注目を集めている。経営哲学は、「勝つまでやめない」。

CONTACT

東京都渋谷区渋谷2-10-16 スガハラビル7F
http://m-hearts.co.jp/

運を敬って、絶対に諦めなければ、『必ず』成功できる！

いいと思ったビジネスは中途半端に終わらせない

私が起業したのは2007年、札幌の高校に通っていた18歳の時。当時、高校にもあまり行っていなかったので、「何としても自分で稼がなければならない」という、危機感に近い使命感がありました。そこで始めたのはアフィリエイト。徹底的に調べ上げ、ほどなく月に数百万円を稼ぎ出すようになりました。結果、税理士に勧められるまま、税金対策で会社を作ったのがメディアハーツのルーツです。

その後、アフィリエイトでお世話になっていた広告代理店の方の誘いもあり、原宿竹下通り近くにオフィスを構え、東京進出を果たしました。「夢占い」や「動物占い」など、携帯電話の公式サイト運営をメインに事業を行い、西新宿へ移転した2009年には、社員数は10名ほどになっていました。

しかし2010年、スマホが普及し始めたこともあり、このビジネスには先がないと感じて事業撤退を決意。18歳の頃から続けてきた会社ごっこに疲れていたのかもしれません。数年は会社を休眠状態にし、部屋にこもってFXや株式投資に明け暮れていました。

そんな時に出会ったのが、現在主力となっている美容通販事業。最初は半信半疑だったものの、研究に研究を重ねるうち、うまくやればものすごい勢いで成長できるビジネスだとわかりました。ここから、女性の美しさをサポートする美容商品のECブランド「FABIUS(ファビウス)」の運営へとつながっていきます。

私は自分が「いいビジネスになるのでは?」と思ったことに関しては、中途半端では終わらせず、徹底的に調べます。そうして調べた結果「これはやっぱり違った」と事業化をやめることも度々あります。

eコマースについても知識は全くありませんでしたが、徹底的に研究を重ね、同業の会社に関する売り上げや利益の伸び率など、不眠不休の勢いで徹底的に調べ上げました。そして、その中で最も成長している会社をベンチマークした上で、「FABIUS」をスタートさせたのです。

最初に手掛けたのはプラセンタを使った商品で、こちらは徐々に売れてきたところで、事業全体をバイアウトしました。この経験から、自分たちのやり方が間違いないことを確信。そして2商品目である「すっきりフルーツ青汁」が、累計1000万本を超える大ブレイクを果たしました。その後も増収を続け、会社は飛躍的な発展を遂げています。

「FABIUS」のテーマは、「ITと美容の融合」。前述の通り、もともと美容メーカーを志して起業したわけではありませんし、この事業を始めてから1年半と日が浅いのも事実です。そんな中で大げさかもしれませんが、《世の中の女性をキレイにする》ことがミッションだと本気で思っています。多くの美容商品メーカーが通販の広告を代理店任せにしている中、当社は過去のモバイルコンテンツ事業の知見を活かし、自社で広告を運用することができる。だからこそ、《本当に良いモノを作ればお客様に買っていただける》という、至極当然のことにこだわれているのだと思います。

例えば「すっきりフルーツ青汁」の開発の際は、社員の間で試飲を繰り返し、「これでいける！」という味を徹底的に追求しました。ご協力いただいた製薬会社のおかげもあり、とても良いモノを作ることができたと満足しています。

このように、何事も中途半端にせず、徹底的にやるのがメディアハーツのスタイル。現在は次のヒットに向けて増員しつつ、よりクオリティーの高い美容商品を研究中です。

「勝つまでやめるな!」と誓った、カジノの大負け後の大勝

「ビジネスは諦めなければ必ず勝てる」と思っています。そう考えるきっかけとなったのは、ラスベガスのカジノ。滞在初日、バカラ(「バンカー」と「プレーヤー」双方に2〜3枚のカードが配られ、合計数の下一桁が9に近いほうが勝ち。賭ける人は「バンカー」と「プレーヤー」のどちらが勝つかを予想し、勝つと思ったほうに賭けるゲーム)に所持金すべてを賭けて大勝負をした結果、大敗。その夜、負けてヘコみながら、『勝つまでやめるな!』(和田史久著・サンマーク出版刊)という本を電子書籍で読んだんです。日本人最高峰のカジノVIPプレーヤーである著者が、人生の「勝ち」を呼び込む極意を書いた本です。「勝ちたいのなら、勝つまでやめるな!」「仕事も人生も『勝つまで続ける』ことが大事」ということが熱く書いてありました。

そして滞在最終日、もう一度カジノに行ったところ、不思議なことに、どっちが来るか何となくわかったんです。友人から借りたお金でその感覚のまま賭け続けていった結果、初日に負けた金額以上に勝つことができ、大逆転に成功しました。

バカラというのは、テクニックや駆け引きなどではなく、純粋に自分の運に賭けられるかが試されるゲームです。仕事もこれと同じで、「できると思えるかどうかが大事」「でき

ると本気で思えればその時点で勝ち」だと思います。それ以来、やろうと決めた仕事のうち、できなかったものはありません。ちなみにその本は、今でも当社の社員には必読の書にしています。

ギャンブルも仕事も、運は大事です。「運を敬う」ことを大切にしてほしいと思います。そのために、どうしたら運気が上がるか、自分でわかるようになることが重要です。小さなことで言えば、財布にお札をしまう時に、必ず券種ごとに揃えて、福沢諭吉が逆さになるように入れます。くだらないことかもしれないけれど、それだけで本当に運気が上がります。「生き金を使って、死に金を使わない」ことも大事です。「生き金」とは誰かのために使って喜ばれたり、感情的なリターンが得られたりするお金のこと。そんなお金の使い方を意識するだけで、運気を引き寄せることができるのです。

私と同年代の若い人に言いたいことは、こうした「運」に関わる話を聞いたときに、「そうか！」と思うなら、聞き流さないで本気で実行してほしいということ。私自身は人とのちょっとした会話でも「そうか！」と思ったら１００％本気に思い込んでやります。中途半端はなくて、１００か０です。そこに運がついてくるのかもしれません。

運を敬い、責任感を持って行動できる人と働きたい

若い人にはもっと夢を持ってほしいと思います。夢というよりは「欲」とか「野望」と言ったほうがより明確かもしれません。もっとお金持ちになりたいという具体的な夢があれば、そのために自分はいくら稼がなくてはいけなくて、自分は何をすべきかが見えてきます。私は私生活でも仕事でも、欲しいものは手に入れてきましたし、今後もそうなると思い込んでいます。東京のど真ん中に住みたいと思ったら住めたし、eコマースを成功させたいと思ったらできた。海外進出したいと思っていたら、現在既に上海、台湾での計画が動いています。

僕は何か欲しいものがあると、天に祈ります。時にはお気に入りの旅館を訪れて、「欲しい!」と天に強く念じます。とは言っても、決して他力本願ではありません。強く念じることで、自分自身に言い聞かせるのです。本当に欲しいと思っているから、徹底的に妥協しないで行動する。その結果として運気が強くなり、欲しいもの、欲している状況が手に入るのだと思います。

もちろんすべてが順調なわけではありませんでした。美容通販事業を始めてからも、本当に苦しい時もありました。例えば事業スタートして間もない頃、「すっきりフルーツ青

汁」が、何千という注文があるのに納期が遅れてお客様をお待たせしてしまい、結果として入金もないので資金的に厳しい、という状況が続いたんです。4ヵ月ほど、何千万単位で支出だけが膨らんでいきました。

そういう苦しい時ほど、自分がどうしたら納得できるかと考えます。例えば100のラインまで稼いだものが、0近くに減ってしまって苦しいとします。でも「100に戻っただけでは納得できないから200にしよう、倍以上稼がないと納得できない」と考えるようにしています。この考え方も、運を引き寄せているのだと思います。

当社が今後のビジョンとして海外進出を挙げている背景には、国内マーケットの激しい競争があります。日本のマーケットは、既に利益を削る価格競争になりつつあり、そういう競争はナンセンスだと思っています。海外には、まだ《メイドインジャパン》の商品力が通用する市場があるので、上海と台湾を拠点に、その市場を取りに行く勝負をしていきたいと思っています。

少人数経営の段階なら、社長一人の力で何とかなったものが、事業が拡大し、社員も増えてくると、社長は経営に注力し、実務はスタッフに任せなければ成り立ちません。今後は、経験やビジネススキルを社員の間に蓄積させることが大事です。

したがって、人材採用は最重要課題のひとつ。面接で重視するのは、その人が過去の仕事を、いかに数字として把握しているかという点。ビジネスで重要なのは、ポイントとなる数字の理解度です。突っ込んだ質問に、明確な数字で答えられるかを見極めます。

そして社員に求める資質は、何よりも責任感です。会社のことを真剣に考えてくれない人、どうでもいいと思っている人は、こちらもわかります。そういう人に対しては、ちょっとぶっきらぼうな言い方ですが、こちらも「あなたのことはどうでもいい」と思います。初めは多少仕事ができなくても「会社に貢献しよう」「会社のために頑張ろう」という姿勢があれば、周囲も協力してくれます。責任感を持って、会社のことを自分のことのように考えられる人に、仕事を任せたいと思っています。

インタビュアーの目線

「まだまだ若輩なので、話すことがありません」。三崎さんのこの一言から、取材は波乱含みで始まりました。確かに20代の若さでひとっ飛びに成功を手にしてきたヒストリーには〝血と汗と涙〟のようなドラマはありませんでしたが、「運を敬う」「中途半端はなくて、100か0で取り組む」など、結果的には取材陣一同、思わず我が身を顧みるような、深い真理について語っていただけました。

株式会社ジールコミュニケーションズ

代表取締役

薮﨑 真哉

Shinya Yabusaki

1978年、千葉県生まれ。習志野高校在学時にインターハイでサッカー日本一を経験し、高校卒業と同時にJリーグ「柏レイソル」に入団、MFとして6年間在籍する。退団後は営業職に転身、トップセールスを経て起業。2008年にWebリスクコンサルティング事業を手掛ける「株式会社ジールコミュニケーションズ」を設立。2013年には体育会系学生の採用コンサルティング事業を手掛ける「株式会社ジールアスリートエージェンシー」を設立。2014年に2社の中核となる株式会社ジールホールディングスを設立し、3社の代表取締役を務める。

CONTACT
東京都渋谷区東2-16-10 ヤナセ渋谷ビル5F
http://www.zeal-c.jp/

何かに向かって努力をし、目標を達成する。私の生き方は昔も今も変わっていません

Ｗｅｂリスクコンサルティングのパイオニア

当社のメイン事業は「Ｗｅｂリスクコンサルティング」です。インターネット上に誹謗中傷、ネガティブな情報が表示された場合、その風評被害が引き金となり売り上げの減少、信用問題、人材確保の困難、時には倒産に追い込まれるなど、企業にとって深刻な問題となりかねません。例えば、「ブラック企業」という言葉がすっかり定着した今、就職活動で志望する会社を「会社名　ブラック」と事前に検索することはもう一般的です。「ブラック」の烙印を押されたために学生の内定辞退が続くといった事例も増えています。

ネット上の風評被害が広がっている原因としては、スマホの普及、ツイッター等のＳＮＳの盛り上がりなどがあり、今後も様々な形での風評被害が発生していくことが予測され

ます。そういった風評被害から当社独自のノウハウで企業を守るのが「Ｗｅｂリスクコンサルティング」事業です。

この事業を始めたきっかけは、お客様からの相談でした。当社はＷｅｂ広告やＳＥＯ対策などＰＲ事業からスタートしたのですが、ある時「ネット上に自社のネガティブな情報が表示されているのでなんとかならないか」という相談を受けました。そういう仕事を依頼できる会社を探して紹介しようと思ったのですが見つからず、そこで「競合がいない市場はチャンスかもしれない。自分たちでやってみよう」と8年前にスタートしました。

試行錯誤するうちに徐々に問い合わせも増え、今では当社の売り上げの90％を占める事業に成長しています。市場規模も50億と言われるほど拡大し競合も増えていますが、ＩＴの進化はまさに日進月歩。今まで通用した手法が明日には通用しなくなるなど、必要なノウハウを常に更新することが必要です。最初にこの市場を開拓した先駆者である当社は、実績と経験で競合他社を圧倒的にリードしています。

Ｊリーガーをクビに。人生のどん底でもあきらめなかった

私のビジネスマンとしての人生は、6年間在籍したＪリーグチームからクビを宣告され

た24歳の時に始まりました。高校時代はサッカーで全国優勝を経験。当時の目標は「Jリーガーになる！　高校卒業までになれなかったらその夢はあきらめる」。毎日遅くまで一人でボールを蹴り続け「もしJリーガーになれなかったらこの練習はすべて水の泡だ」と自分に言い聞かせて努力を重ねた末、目標を達成することができました。

それから6年後、私はほとんど試合に出ることもないまま戦力外通告を受けることになります。貯金ゼロ、残ったのはベンツのローンだけ。私自身が全くサッカーと向き合えなかったことが原因です。「Jリーガーになる」以上の目標も覚悟もなかった私は、サッカー選手という自分に負けていたんです。

しかし、サッカーは諦めても、人生は諦められない。サッカーと遊びしか知らなかった私がイメージした成功の象徴が「社長」でした。最初は飲食店を2～3店経営できれば、という単純な発想で「店長　年収1000万」という広告に惹かれて銀座のダイニングレストランに就職。月給は22万円、週に何回かは店に泊まり込みながら懸命に働いていたのですが、ある日店長の給与明細を見ると26万円ほどしかない。「自分の店を持つ」などと目標を掲げておきながら、非常に迷ったあげく半年でそこは辞めてしまいました。

その時がサッカーを辞めてから一番辛かったですね。生活のために宅配便などのアルバイトをしましたが、この先何をしていけばいいのか自分でもわからない。希望も何もなくて「死のうか」とまで考えた末、営業職なら数字を上げれば上げただけ稼げると聞き、本当に最後の勝負と思って営業の世界に飛び込みました。

営業職に就く時にノートに書いた目標が「2年以内に必ず独立する。年収は1000万円でスタート」。仕事内容は企業の出店コンサルでした。飲食店を新規出店したい企業から依頼を受けて事業計画を作成し、ファイナンス会社から資金を引き出す仕事です。毎朝始発で出社。電話でアポが取れると営業に。少しの空き時間にも公衆電話でテレアポ。帰るのは毎日終電。土日も事務仕事のために出社。BS（貸借対照表）、PL（損益計算書）といった財務諸表も読めないと仕事にならないので必死に勉強しました。

基本給は20万円。家賃やパソコンのローンを払うと、残りの生活費はわずか2万円。コンビニで100円の商品を買うかどうかで迷ったのは、後にも先にもこの時だけです。「半年後には歩合で稼ぐ！」と本気で目標に向き合った結果、5ヵ月目には粗利で1000万円を叩き出し、歩合を入れて月収100万円に達しました。期限を決めて自分を追い込めたのがよかったのでしょう。辛かった分、自分の毎日の行動、気持ち、仕事に向かう姿勢が変化していくのが如実にわかりました。

予定より早く9ヵ月目には独立。たったひとりで始めた会社は1年目から売り上げ4億円、3年目には20億円に達し、社員数も25名にまで拡大しましたが、結局4年弱でたたむこととなります。原因はリーマンショックによる市況の低迷もありますが、最大の要因は自分の未熟さにありました。独立までのストイックすぎた日々の反動で、急にお金を持った私がめちゃめちゃ調子に乗ってしまったわけです。「上場するぞ！」などと言いながら毎晩のように六本木で遊び、全く地に足が着いていませんでした。最後の日、社員たちには3ヵ月分の給料を支払い「申し訳ないが今日で会社を解散します」と頭を下げました。

半年後、これからはITの市場が伸びると考え、株式会社ジールコミュニケーションズを立ち上げました。全く経験のない業界だったこともあり最初は大変でしたが、前述のようにWebリスクコンサルティングという新しい事業と出会えたことや、仲間にも恵まれ社員数が80名になるまで成長させることができました。

どんな生き方をしたいのか？　キミたちの覚悟を聞きたい

もう一社2013年に立ち上げた会社が株式会社ジールアスリートエージェンシーです。事業内容は体育会系の学生に特化した採用コンサルティングです。真剣にスポーツに打ち込んできた学生の元気さ、ポテンシャルの高さを求めている企業は実は多い。一方で体育会系の学生は就職活動に関して疎い傾向にあります。大学の4年間、プロを目指していたけれどもそれが叶わなかった学生が、生活のために仕方なく入ったビジネスの世界で目が死んだような人間になっていくのは悲しいと思っていました。

以前、どうしてもプロサッカー選手になりたいと言う若者に尋ねました。

「君は何でJリーガーになりたいの?」

「いい車に乗りたいし、いい服も着たい。きれいな女性とも付き合いたいし、親孝行もして家族を幸せにしたい…」

「それ全部、サッカーの世界じゃなくて、ビジネスの世界でも実現できるじゃないか」

プロという道に進めなくても、どのように生きたいか、何か目標に向かって努力をして結果を出して、きちんとした報酬を得たい、という生き方は変わらないわけです。

スポーツ選手が引退すると「セカンドキャリア」と言われますが、まるで人生のピークが終わったような言い方で私は好きではありません。何かをやりきった彼らに相応しい道がきっとあるはず。それを見つけ出してほしい。これもこの会社を創った理由の一つです。

当社には、社員が大切にしているクレドという行動理念があります。クレドとはラテン語で「志、信条、約束」といった意味です。これは私の語ってきたような経験から生まれた人生観とも言えます。

●かけがえのない今日
●今やらないで、いつやるの？
●行動者がカッコイイ
●足を止めず常に前へ
●努力なくして、成功なし
●やるからには、本気で取り組む
●速さに価値がある
●チームジールコミュニケーションズ

このクレドへの共感が、当社の求める人材の一番の条件です。自分の実績に対して成果が返ってくるのが嬉しい人。前向きで、生きることに貪欲な人。自分と向き合って、努力して成果を出したい人。仕事でもプライベートでも人生を充実させたい人。人より成長したい、人より稼ぎたい、そういう向上心のある若者と一緒に働きたいと願っています。

皆さんに考えていただきたいのは働くことの醍醐味、面白さです。子供の頃、誰にも将来なりたい職業の夢があったと思います。パティシエになりたい、サッカー選手になりたい…。現実にはその夢は叶わなかったとしても、その職業になってどういう生き方をしたかったのかを思い出してみてください。パティシエならば、買いに来たお客さまが笑顔になってくれるからなのか。私はサッカーのプロ選手を目指していましたが、今はビジネスの世界で別の高みを目指しています。私は何かに向かって努力をして、目標を達成する生き方がしたかったのです。まったくもって、今もその生き方は変わっていません。

来てくれたお客さまの笑顔に出会いたい。その夢はパティシエでもビジネスマンでも一緒なのですから。

私は、キミたちの覚悟を知りたいのです。

インタビュアーの目線

ジャストフィットしたスーツ姿に日焼けした精悍な顔立ち。元Jリーガーと聞いて納得のオーラが印象的な薮﨑さんですが、プロスポーツとビジネスの世界で、栄光と挫折を経験されてきたとあって、言動はどこまでも謙虚。「セカンドキャリア」という言葉を嫌い、常に次の挑戦を続けてきた半生はスポーツ選手に限らず、すべての人にチャンスはいくつもあることを教えてくれます。

株式会社ソラド

代表取締役社長

大里 茂雄

Shigeo Ohsato

1979年、東京都生まれ。高校卒業後、大手ホテルに入社。レストラン部門にて接客業を経験。その後、医療システムの営業などを経て、2008年にカフェサロンの開業から経営まで経験。2010年、新たにカフェラウンジを開業するも、震災の影響により無期限営業停止となったことを受け、飲食店開業プランナーに転身。飲食店の設計・施工に携わり、1年間で20店舗の開業をサポート。業界の店舗デザインランキングにて1位を獲得。飲食店経営における「営業外時間の有効活用」の重要性を感じ、同事業を展開している株式会社ソラドに2012年9月に入社。入社半年後、取締役に就任。2014年6月代表取締役社長に就任。2016年3月FOODEX初出展、現在に至る。

CONTACT

東京都新宿区山吹町337-5 都住創山吹町ビル7F
http://www.solad.co.jp/index.html

大切なのは「私だけ」ではない「私たち」という気持ち。みんなで会社を作って、みんなで考えていきたい

情熱を注いで、マニュアルを超えよう!!

私たちの事業を一言で表現するなら「飲食業向け総合支援事業」でしょうか。現在は、法人向けの仕出し弁当やケータリングを提供する「逸品弁当」というサイト運営に注力しているのですが、これももともとは飲食店の営業時間外を有効活用しようという試みです。

というのも、飲食店の売り上げは、営業時間と席数で概ね上限が決まってしまいます。営業時間外に注目し、お弁当やケータリングの需要を生み出すことで、飲食店の売り上げアップを支援しているのです。

「逸品弁当」では高級価格帯に照準を合わせ、『ミシュラン東京』にも掲載されている名店や料亭、高級焼肉店など、約50店に厳選して仕出し弁当を取り揃えていることが、他の

フードデリバリー業者との大きな違いです。

それでも、有名店であればどこでも…というわけではなく、「長くお付き合いできるか」「お店で提供される食事と同じ材料、調理法で作っていただけるか」など、私たちなりにこだわったお店選びはさせていただいています。中には「作ってやるから売ってこい」というようなスタンスの飲食店もありますが、そういうお店とは、どんなに有名店であってもお付き合いできません。

商品開発もお店に丸投げするようなことはしません。サンプルを作っていただいて、アルバイトを含めた全従業員で試食をします。「これはちょっと味が濃い」「この盛り付けはどうなのか」など、開発のプロセスには私たち全員のフィルターがかかります。私たちの大きな原動力は、〝情熱〟だと自負しています。インターネットを駆使しながらもアナログ感、情熱、想い、といったものが欠落したビジネスには決してしたくないのです。

例えば、会議用のお弁当を数十個単位の大口でご注文いただいた企業担当者様は、お弁当を受け取った後、会議室のテーブルに並べる手間は相当なはず。そんな時こそ、私たちの情熱を発揮する時です。お弁当をテーブルに並べるところまでさせていただくことで見えてくるお客様の思い、期待、満足感などは貴重な経験値となり、結果として信頼していただき、お客様の需要を引き出せるのだと思います。

また、いつもご利用いただいている会社へお昼休みなどに伺い、お弁当の試食会も積極的に行っています。試食といっても、お一人様につき一人前をしっかり食べていただきます。一食を通しての味わいや印象、バランス、満足感などを教えてもらうのです。

月に30〜40回、毎日数箇所にて行われる試食会では、スタッフが一様に「このお弁当がおいしい秘密は…」「作り手はこんな方で、女将が朝早く起きて詰めています」など、作り手の情熱をお客様へお伝えしています。現場を知っているからこそ語れる真実を、お客様に情熱を持って伝えることが、信頼していただくきっかけになると思うからです。お客様から「他社に比べて、ずいぶんアナログなことを」と言われますが、私たちにとって、それこそがITに情熱を注いだ、血の通ったサービスなのだと考えています。

その結果、リピーターが少ないと言われているフードデリバリー事業の中でも、私たちは多くのお客様にリピートしていただいています。オンライン注文だけではなく、コンシェルジュから「メインがお肉のお弁当を」とか「和食で2000円くらいのものを」というように、お任せの注文をお電話でいただくケースも珍しくありません。この取り組みは「マニュアルを超えたところに感動がある」という私たちの姿勢の表れです。私たち一人ひとりがお客様の立場に立って「前回は洋食でしたので、今回は旬の食材を用いた和食はいかがですか」といった、マニュアルを超えた提案を心掛けています。

ボロボロ泣きながら誓った、応援してくれる人たちへの感謝

今から8年前、28歳の時にカフェサロンの開業から経営まで任されたのが、私が飲食事業に深く関わるきっかけでした。家族や友人など周囲は大反対だったのですが、私はせっかく巡ってきたチャンスを逃したくないとチャレンジ。しかし1年3ヵ月でお店をたたまざるを得なくなりました。原因は経験不足と根拠のない自信。人を雇って育てる、売り上げを上げる、すべてが初めての経験だったのですから、当然の結果ですよね。それでも飲食店への思いを諦められず、その半年後に自分で再度カフェを開業するのですが、東日本大震災の影響なども重なり、これも程なく営業できなくなってしまいました。

大きな失敗を重ねて、家族や友人には合わせる顔がありません。そういう心境の時って、まるで世界が色を失ったように、景色が本当に暗く見えるんです。もう心が壊れる寸前でした。

そんな私を見かねた先輩たちが、「今から飯を食べるからとにかく来い」と電話をくれたんです。お店に行くと、テーブルにはお寿司など、たくさんの料理が並んでいました。家賃も払えない状態で、ろくな食事をするお金もなかった私は、ボロボロ泣きながら頂きました。その時に気付きました。こんなに応援してくれる人たちがいるのに、誰にも相談

せず、強がってすべて自分でやろうとしていたことが一番の失敗の原因だったことに。自分の価値観が大きく変わった瞬間でした。

自分がこれまでの失敗から学んだことを糧に、飲食店のサポートをしたい。最初は情熱や夢を持って飲食店経営を始めたのに、経験不足から失敗し、すべてが暗転してしまう人を減らしたい。そう考えた私は、飲食店向けの設計施工会社に入社。和食から中華、フレンチ、バルまで、〝潰れない店舗〟を作るお手伝いを1年で20店舗ほど手掛けました。

設計施工会社で開業支援を経験すると、今度は自然と開業後のサポートに目が向くようになりました。飲食業界向けのコンサルティング会社は、メニューやホームページの監修などはしてくれても、売り上げそのものにコミットしてくれるところはまずありません。その点でこれまでの経験を一番発揮できそうなソラドに転職したのは3年半前のことでした。

実際に入ってみると、当時は営業マンもいない赤字経営の状態で、とても情熱を持った血の通った会社とは程遠いことがわかりました。そこで私は、これまでのルーティンやマニュアルを覆す取り組みを続けました。その過程で、お弁当の試食会が生まれ、高級仕出し弁当路線に活路を見いだすことができました。すると徐々に社内にも情熱が広がり、会社の空気も変化していったのです。これは私が何かを変えたのではなく、変化をみんなが受け入れ、変化を楽しむことができた結果だと思っています。
入社して半年後、取締役に選任された私は、その1年後には社長就任を打診いただき、より結果にコミットすべく就任を決意した次第です。

「私だけ」ではなく「私たち」という気持ちが、みんなの夢をつなぐ

私たちは今後も、芯はぶれることなく柔軟に変化し何十年も続く会社にしたいと考えています。そこで大切なのは「私だけ」ではない「私たち」という気持ちです。私たちみんなで会社を作って、みんなで考えていきたいんです。

その大きな道のりへ向けて、まずはデジタルマーケティングや独自のシステムを駆使したプラットフォームを築きたい。その構想のひとつが、高級仕出し弁当事業のフランチャイズ(FC)展開です。加盟店の最有力候補として考えられるのは配送会社。下請けの意識ではなく、自らが加盟店として主体性を持ってお弁当を配送することで、配送スタッフがお客様のリピートやクレームに対しても敏感になり、私たちとの間でより高い相乗効果が発揮されると思うのです。

逸品弁当にとどまらず、私たちが本来目指すべき飲食業向けの総合支援もスタートしま

した。それは開業支援に始まり、改装、後継者がいないお店の事業継承など、これまで私自身が経験してきたこと全てを活かせるサポートです。飲食業界の中で、お店・食・お客様・お店を経営する人、そして経営者の夢をつなぐハブとして、私たちはお手伝いをしたいと考えています。

私が若い人に求めるのは「まっさら」であること。当社では、新卒でも中途でも未経験者しか採用していません。まっさらな人が一番一緒に絵を描きやすいからです。内定が決まった人から「何か準備することはありますか？」と聞かれても「特にはありません」と伝えます。入ってから一緒に考えればいいのです。

ソラドには、インターンを含めた全員でミーティングを行い、部門も立場も超えて議論する文化があります。その際に声や意見が出ない人には、私は本気で注意しています。何も発しないということは、考えていないのと同じだからです。「私には関係ない」「新人だからわからない」ではなく、全員が当事者意識を持って、みんなで考え、みんなで悩んでほしい。的外れでも構いません。トップがミーティングの内容をすべて決めて仕切ってしまったら…それは過去の失敗をした時の私そのものなのです。

私はこれまでの失敗のおかげで、本当に周りに感謝できるようになりました。自分だけで成り立つ会社だなんて、思ったこともありませんし、会社で一番弱音を吐いているのも私かもしれません。チームのみんなで悩んで、考えて、苦しみも喜びも共有していきたいのです。

ソラドにはチャンスは平等にあります。やる気とアイデアがあれば何でも言えるし、耳を傾けてもらえるし、それを実現することもできる。自分が立ち上げたプロジェクトの全体を経験することだってできます。事業の全体像を把握することは、大企業ではそうできないことでしょう。

入社した時には「夢」を書き出してもらっています。みんなの叶えたい夢、進みたい方向性を私たちは最優先します。みんなの夢と会社のビジネスモデルがつながる未来に向けて、私たちは夢と希望を共有していきたいのです。

インタビュアーの目線

「僕の話をみんなにも聞いてもらって、もし違うと思えば遠慮せずに意見してほしい」と、取材場所をあえて執務エリア中央に指定された大里さんは、社内では体育会系部活のキャプテンのような存在。過去のエピソードについて「あの頃はどうだった？」と社内に話を振ると、あちらこちらから笑い声と思い出話が飛び交う様子から、風通しの良い、一枚岩の社風がうかがい知れます。

国際産業技術株式会社

代表取締役社長

立花 和昭

Kazuaki Tachibana

専門学校卒業後、防災機器メーカーに就職。同社に3年間勤務の後、経営者を志して、創業期の当社へ入社。プログラマーや営業などを歴任した末、2013年に創業者からバトンを受け継ぎ、代表取締役に就任。パソコンやサーバ機器を販売するコンピュータショップ「otto」のブランドを築き、サーバ販売台数8000台の国内有数ブランドへと成長させる。また、新卒採用制度を導入するなど、会社の成長に向けた改革を次々と断行。現在は年商50億円の目標達成に向け、日々奮闘している。

CONTACT

東京都千代田区神田錦町1-1 神田橋安田ビル
http://www.ksgnet.com

すべての仕事は「人」で決まる。会社以前に〝あなたと取引したい〟と言われる人材になろう

複数メーカーを組み合わせるマルチベンダーに強み

当社ＫＳＧ（国際産業技術）は最先端のＩＴ製品やシステムを駆使したソリューションをもって、企業の課題を解決し、〝国内企業を活性化するＩＴ専門商社〟です。特にサーバに関しては日本で唯一、実店舗でのサーバ専門店を運営しています。日本ではパソコンを導入する時にはＳＩｅｒ（エスアイアー）と呼ばれるコーディネーターが提案するのが一般的で、サーバを買いに行くという習慣があまりありません。ＳＩｅｒはメーカーの関連会社に所属するケースが多く、基本的には自社グループ製品でコーディネートするので、A社のサーバにB社のメモリーを入れるなど、複数のメーカーの機器を組み合わせて使用するマルチベンダーは、ほとんど普及していません。

世界に比べて10年遅れていると言われる、日本のＩＴ市場。その理由のひとつはこうした業界の閉鎖性にあります。マルチベンダーには安価で優れた製品をセレクトできるという、コスト的なメリットも大きいのですが、複数メーカーの機器を組み合わせて不具合が起きた時に、誰が責任を取るのか、という部分がネックとなり、日本では広がりませんでした。

当社の強みはその慣習にとらわれず、国内外問わず世界中の優れた製品を選び抜き、オーダーメイドでクライアントに最適なＩＴ環境の実現を追求していることです。しかも、ＳＩｅｒは提案だけで30万〜40万円くらいの費用がかかりますが、当社の実店舗では無料でご相談を受け付けています。

当社はソフトウェアからハードウェア、ネットワーク・サーバにいたるまで、多岐にわたる商品を取り扱い、国内の大手法人、ベンチャー企業、教育・公的機関など、幅広いクライアントに貢献し、急成長を遂げています。面接などで学生から「今はクラウドが主流でハードウェアを使わない時代になっていますが、御社のビジネスモデルはどうなのですか？」と質問を受けることがありますが、当社の年間サーバ販売数は８５００台です。純正なメーカー品に他メーカーのパーツを組み入れるマルチベンダーで、リーズナブルな価格を実現。保守も当社で受けるので、メーカーの保守がなくても安心という、新しいビジネスモデルでニッチなマーケットを開拓しています。日本全体の販売数は50万台なので、その2％弱をこの規模のベンチャー企業が担っているのはすごいことだと、お客様からも言っていただいています。

凡人だった私が、漠然と抱いた経営者への思い

私自身は子供の頃からラジオを作るなど、電気工作が好きで、将来は機械を扱う仕事がしたいと専門学校に進み就職。一方、経営者になりたいという漠然とした思いから「社長の姿を見てみたい」とＫＳＧの前身である小さなシステム設計・開発会社に転職しました。私は中学高校とサッカーをやっていましたがレギュラーにはなれず、自分が目標をセットして、それに打ち込むといったこともなく、取り柄としては「学校を休まない」程度の平凡な学生でしたので、本当に漫然とした思いでした。

最初の転機は24歳の頃、温調システムのプログラム設計から導入、ドキュメントまでという仕事を任せられたことでした。半分趣味のような領域のプログラムでしたが、直接お客さんに仕様を伺いながら進めていかなければならず、しかも納期は3ヵ月と短期間でした。金額は１５０万円だったと思います。使命感や責任感を感じて、休みも返上して真剣

に取り組みました。何回も作り直して、最終的に納品できた時は本当に充実感がありました。しかし社長には、さほど喜んでもらえませんでした。今考えたら150万円という金額は少なすぎたのでしょう。しかも1回限りのスポットの仕事でしたので、社長にとっては次の仕事を取ってくることに必死だったのです。

バブル景気に乗って会社は順調に拡大しましたが、入社10年目にバブル経済が崩壊して仕事が激減。事業を縮小して再スタートすることになり、当然私もクビだろうと思っていたら、なぜか私だけが残留。当時、結婚を決めた時だったので「ここで食いっぱぐれるわけにはいかない。やったことはないけど営業を頑張ろう」と決意しました。

ゼロからのスタートで最初に目をつけたのはIT機器の販売です。きっかけは、社内に多く残っていたパソコンを転売して経営のつなぎ資金にしたこと。「安く仕入れたパソコンを高く売れば利益を出せる」と思いつき、質屋などを通して現金で買い取ったパソコンを、最初は卸で、お金が貯まってきたら店舗を構えて、より利益率の高い直販を始めました。パソコンブームの波に乗って事業は急成長。毎年倍々ゲームで売り上げを伸ばし、全8店舗、従業員120人までになりました。

パソコンのブームも落ち着き、秋葉原もパソコンの街からエンターテインメントの街に変貌していった頃、パソコンの価格もどんどん安くなっていきました。当社も仕入れを現金買い取りからメーカー仕入れや輸入にシフトする中、今の主力商品であるサーバに注力。今までの資産を取り崩さないよう経営の舵取りをしています。

お客様ときちんと関係をつくれる社員を育てたい

私自身は会社に利益をもたらすこと一点に集中して、無我夢中で働いてきました。創業者は利益を上げることには天才的で、儲かる営業をイチから教えていただきました。経営は金を稼いでなんぼ、そのためには使えない人をチェンジするのは当たり前。しかし私としては、社会的にそれでいいのかという罪悪感や使命感も徐々に生まれてきました。

商売は、自分の会社だけが儲かればいいというものではありません。そういう会社はだんだん孤立していきます。当時は会社が急成長したため、新卒を採用して教育する余裕がなく、エキスパートを引き抜いては、数年で入れ替わっていく悪循環が続いていましたが、それでは会社の文化が育ちません。創業者からの事業継承を、恩義と感謝を忘れず交渉して完遂。私が社長を拝命した時から次のミッションとして、新卒社員を採用して会社の文化を作っていこう、将来の会社像について真剣に考えて、後継者育成に投資をして社員を丁寧に育てるべきだ、そう強く思うようになりました。これまではオーナー企業ゆえに、私や創業者が指示するまでは自発的に仕事ができない社風がありましたが、それを変えるためにも、新卒の社員がチャレンジできる新しい文化を構築中です。

今後力を入れていきたいと考えている分野は、まずはリアル店舗での販売強化です。「このネット社会でＩＴ企業がなぜ店舗販売？」と思われるかもしれませんが、私は人とのコミュニケーションの中でモノを売るのが理想だと考えています。なぜなら、ネットでは得られない情報が人とのコミュニケーションにはあるからです。メーカーの生の声はネットでは拾えません。特に不良情報などは、ネットには絶対に掲載されません。取引先ときちっとしたお付き合いをして人間関係ができていれば、そういう情報も教えてくれるようになり、お客様にもより役に立つアドバイスができるようになります。

そのため本社の1階に「ｏｔｔｏサーバ店」を開設し、各メーカーに常設展示場として活用いただき、商談にも使っていただいています。ちなみに「ｏｔｔｏ」という名前は秋葉原時代からのブランドです。当時、安いサーバを求めて来店いただいた方々が、今は企業の中核で決定権を持つ役職になられていて、「ｏｔｔｏサーバには助けられました！」と商談がまとまることもあります。

もう一つは海外展開です。例えば海外のコンベンションなどで展示された造作物を、会期がない時期に一時的に、当社の常設パビリオンに展示して見られるようにするなど、海外企業との提携や新しいマーケットの開拓などに、まだ成長の伸びしろがあるはずです。
そういった発想で、世界で活躍できる人材を育てたいという思いは強くあります。

「会社と」ではなく「あなたと」取引したいと言われる人材に

すべての仕事は「人」で決まります。当社の理念は「仕事を通じて人間性を高める」。社長としての責任は「正しいことを社員に教える」ことだと思い、社員にはこう伝えています。

「モノありきの営業ではなく、人ありきの営業で勝負しよう。お客様と膝詰めで話せる関係を築き、会社以前に〝あなたと取引したい〟と言われる人材になろう」

そしてもうひとつが、社員の人間的成長を支援することです。

- 1年後には、物事を先読みできる一人前のビジネスパーソンへ
- 3年後には、ひとつのビジネスを任されるビジネスパーソンへ
- 5年後には、経営陣の一員として、あるいは子会社のトップとして活躍
- 10年後には、世界で活躍できるビジネスパーソンへ

これが皆さんに歩んでほしい道であり、KSGで描ける未来です。そのためにも「儲かったお金はすべて社員教育に還元したい」くらいの覚悟で社員教育には臨んでいます。

当社が人材に求めるのは、誰よりも成長したいという情熱や野心です。成長のキーワードは、失敗を成長の糧にして、成功へと導く力である〝レジリエンス力〟。それを高めるためには〝現実を直視すること〟〝物事を柔軟に捉えること〟〝合理的な思考を持つこと〟の3つの視点が必要です。そのためにも経営者がリスクを負い、現場の第一線の社員が改革を推進しやすい環境を用意します。今までにやったことのないチャレンジをして、新しいフィールドを開拓してほしい。KSGの伝統を継承しながらさらに進化させ、新たな価値やビジネスを生み出してくれる人と一緒に仕事ができることを期待しています。

インタビュアーの目線

「年上の社員といると、どっちが社長かわからないとよく言われます」と笑う立花さん。誠実さと温かいお人柄がそのまま表れた笑顔に包まれながら、取材も和やかに進みました。しかしその一方、天才的で強烈な個性を持った創業社長に誰よりも可愛がられ、最終的には2代目に選任されたのは、何事も途中で投げ出すことのない強靭な胆力を見いだされたからではないでしょうか。

w2ソリューション株式会社

代表取締役CEO

山田 大樹

Daiki Yamada

1978年、東京生まれ。1997年、上智大学入学と同時に起業。社長歴19年。グロービス経営大学院卒業MBAホルダー。幼少期からプログラミング受賞多数あり、技術面に卓越した才能の持ち主。複数会社を経営し、2005年、w2ソリューション株式会社を設立。「まじめに日本を考える」NPO法人78会創設メンバー。EO Japan所属。趣味はマラソン、登山、ピアノ演奏、書道、語学。得意な国際感覚と突破力を武器に10年目を迎えたw2ソリューションは、「Be the World's No.1 e-Commerce Company」を目指し、その指揮をとる。

CONTACT

東京都中央区銀座4-14-11 七十七銀座ビル7F
http://www.w2solution.co.jp/

w2 solution

ビジネスとは「自分」と「会社」と「顧客」のWin-Win-Win
お金のためでなく、楽しく働き自分磨きをしよう

お客様からのお叱りと厳しい決断の末に手に入れた本当の強み

私たちは、みなさんが一度は使ったことがあるような有名サイトを中心に、ECサイト構築、決済のしくみ、出荷や顧客対応・プロモーションの管理など、EC(ネット通販)に必要なパッケージを開発、提供している会社です。

大切にしているポイントの一つ目は、お客様の売上を上げること。ユニクロがECからの売上を現在の約5%から数年後に30〜50%へと拡大する方針を明らかにするなど、昨今、あらゆる企業がECに注力しています。つまり、成長分野であるECには売上を増やすしくみが求められ、単なる広告プロモーションに留まらない、消費者をファンにする取り組みや顧客サービスの強化が重要になっています。

その点で、平均売上成長率354％を誇る私たちのシステムは、最近のクライアントニーズにマッチしているといえるでしょう。他社比較では、機能面で質、量ともに凌駕していることに加え、特筆すべきは拡張性に優れていること。高層ビル建築にも耐えうる基礎をはじめから作っているようなもので、お客様の発展とともにシステムも成長させられるのです。

もう一つ大切にしているのは、創業以来、一貫して、お客様とのダイレクトな関係構築にこだわっている点です。お客様と直接会話をし、時には「それは作っても意味がないのでは？」というような意見も率直に差し上げることで、コスト・機能面とも、最適なシステムを作り上げることが可能なのです。

またＩＴ業界では一般的に作業時間によって見積り金額が決まるものですが、当社は中長期の成果を見据えた開発を重視し、お客様の売上と連動して私たちの売上も上がるビジネスモデルを採っています。お客様と長くお付き合いすることで信頼関係が築け、双方が同じゴールを目指すことで、より長期的な実績につながる好循環が生まれています。

5年ほど前には苦い経験もしました。「御社のシステムはクライアントのお金で成長しているようなもの。クライアントへの還元がなければフェアではないのでは」。あるお客様から頂戴した厳しいご意見がきっかけです。当時の私たちは完全オーダーメイドのシステム開発をビジネスモデルとしていたのですが、世の中の流れもあり、お客様のご意見を取り込んでシステムを向上させ、結果としてお客様に還元できるクラウド型へシフトすることを決意しました。

新たなサービスへのシフトには実に9ヵ月を要しました。他の仕事をすべてストップして開発に専念せざるを得ない、会社の存続をかけた、一番の大勝負でしたが、その時期を乗り越えたことで、私たちは大きな武器を手にすることができました。これこそが、私たちが拡張性に優れるゆえんであり、お客様にとって最善の売り方を提供しながら、自社も成長していけるビジネスモデルを持つのは、同業の中でも私たちだけだと自負しています。

「自分は新しい時代を作るために生まれてきた」

私とＩＴとの出会いは小学1年の頃。まだ1台40万円もするようなパソコンを叔父からもらったのがきっかけです。パソコン雑誌を見よう見まねでゲームを作ったりしながら、小学2年の頃にはコンテストに投稿するマニアになっていました。実家にほど近い秋葉原にはよく遊びに行き、企業のゴミ置き場から拾ったパソコンをバラして、パーツ屋に買い取ってもらい、そのお金で、最新のパソコンやゲーム基板を買ったりしていました。

自分の使命を意識したのは中学の頃。バブルが崩壊し、誰もが新しい時代に不安を抱く中、金融や経済のこと、宗教や富裕層の物事の考え方、戦争が起きる理由や繰り返される歴史などについて興味を持ち、自分なりに調べるようになりました。その結果、資本主義には限界があり、幸せな人を減らしてしまうと思い至り、「自分は新しい時代を作るために生まれてきたんだ」と感じたのです。

高校に入り、バンド活動や受験勉強をする傍ら、起業することを考え始めたのは、資本主義のしくみを変革するには資本を持たなければ、世界は変えられないと気付いたから。経営者の本を100冊以上読み漁り、「会社とは何なのか？　何のために存在しているのか？」を追求するため、様々なテーマで吸収しながら、最低限の金融知識は把握しようと簿記やファイナンスの勉強もしました。

大学に入ってすぐに最初の会社を作って以来、これまでに5社を立ち上げ、紆余曲折もありながら、多くの仲間に助けられて現在に至ります。早いもので、3年後には40歳になりますが、40代の間に日本を代表する1兆円規模の企業グループをアジアで創ることが現在の目標です。50歳には、自分本来の使命に向けた新たな展開をしたいと考えています。

ＩＴとお客様が戦うのではなく、お客様に喜んでもらうためのテクノロジーを広げたい

現在、ＡＩ（人工知能）をはじめ、ロボットや自動運転など、様々なテクノロジーが私たちの生活の隅々にまで浸透しようとしています。いつの時代でもテクノロジーは実に楽しく、未来を形作るものだと思います。

思い起こせば大学生の頃、ＩＴバブルに沸く状況の中で、私は「ＩＴはすごい！　これからの時代は変わる」と思う一方、どうしても気にかかることがありました。それは、ＩＴ業界で働いている人は「いいものを作りたい。お客様に喜んでもらいたい」と純粋な思いで開発に携わっているのに、お客様は「システム開発は高くて遅い」と絶えず不満を抱えているという、ＩＴとお客様が戦っているかのような状況でした。最低限のコストで最大の機能を求めるお客様の無理難題に対し、開発側はリスクヘッジのための書類づくりばかりに時間を費やし、本来の開発に時間を割けないという負のスパイラルを何とかできないだろうか。

ＥＣ業界において、そんな課題を解決するのが、私たちｗ２ソリューションです。社名のｗ２はＷｉｎ－Ｗｉｎ、そしてそれを世界に発信していくＷｏｒｌｄ－Ｗｅｂから名づけました。テクノロジーで新たな未来を切り開くことで、お客様とともに私たちも成長し、

システムを利用する消費者にも喜んでもらえる世界。それを実現するのは、私たち一人ひとりの思いであり、また一人では足りない力を何倍にもしてくれる仲間なのです。

未来にめざすこと。共に働きたい仲間について

4年前にベトナム支社を作り、すでに20名のスタッフが働いています。単に安価な労働力を求めたオフショア拠点としてではなく、日本と同じような仕事をしながら、私たちの文化をベトナムから世界へ発信していきたいと考えてのことです。現地のスタッフは優秀で、「アジアの販売拠点になりたい。アジアを任せてほしい」と新たな領域へのチャレンジもスタート。国内外で約60名の社員は、今後2年ほどで150人まで増やし、日本のナンバーワンから世界のナンバーワンを目指したグローバル展開を目標にしています。

2015年から新卒採用も始めました。求める人材は、決してアピール上手な人ではありません。素直で成長意欲が高く、テクノロジーが好きなことが必須条件。基本的なスペックは必要ですが、一番大切なのは会社に来ていただいて、お互いが「いいね」という気持ちを持てるかどうかだと思います。面接の時に、当社ならではの志望動機を抱けている人とは、お互いスムーズに通じ合えるはずなので、私たちも自分たちらしさを伝えていか

なければならないと思っています。

ちなみに当社には組織図がなく、「肩書も好きなのをつけていいよ」とみんなに伝えています。自分たちの思いや得意分野を各々がビジネスに重ね合わせられることを大事にしています。みんなが思い切り仕事をできるよう、足りないスキルを補ったり支援したりする、そしてプロフェッショナルに育成していくことが先輩社員の役割の一つなんです。

大切な人生を、かけがえのない仲間と思いっきり過ごして欲しい

「人生は修行」と言うことがありますが、楽しめている時が一番成長します。お金のために仕事をすることは最初の自立という意味では大切な一歩ですが、社会人にとってはスタートラインでしかありません。自分に問いかけてみてください。「本当にそれでいいのか？　本当にお金のために仕事をすることが自分にとって大事なことなのか？」。きっと答えはあなたの中に湧き出てくると思います。

時間はみんなにとって平等です。毎日与えられる8万6400秒という時間（＝資源）をあなたは、どう使いたいですか？　言い換えるならば、どう活かしたいですか？　将来お金持ちになるために…とか、お金がなくなって生活に困ることがないように…と、お金

のために使う人もいるかもしれません。でも、きっと本当は、やりたいことに自分の人生のお金と時間を使いたいのであって、お金のために時間を使いたいのではないと思います。

やりがいがある仕事に就きたい——。正解だと思います。でも、やりがいは楽しくなければ生まれないもの。それなら、楽しくあるために頑張ることって、とてもステキじゃないですか。当社には、そういう雰囲気があります。そして、頑張る意味に気付くことで、数年で自然と人は育ちます。育った結果、自分で起業していく人も少なくありません。そんな卒業生ともコラボすることで、どんどん輪が広がっています。

最後に、今後成長分野であるＥＣに興味があり、テクノロジー好きで、お客様に喜んでもらうものを作りたい、そう思っている人と同じ道を歩んでいきたいと強く願っています。

インタビュアーの目線

ＩＴの力と共に一緒に働くメンバーの力も信じていると力強く語ってくれた山田さん。メンバー各自の夢と会社のベクトルを合わせることに努め、立ちはだかる壁があれば、一緒になって乗り越えようという姿勢が、言葉の端々から伝わってきました。技術者としてテクノロジーで世の中を良くしながら、人としても大きく成長したい若者には、うってつけのステージではないでしょうか。

株式会社ウェブスマイル

代表取締役 CEO

渡辺 英志

Eiji Watanabe

1973年、大阪市生まれ。1996年、近畿大学理工学部経営工学科卒業。卒業後、株式会社オートバックスセブンに入社し、小売業とシステム全般に従事。30歳を過ぎて、ネット業界に興味を持ち、テックファーム株式会社へ転職。当時はケータイCRMという概念がスタートしたばかりではあったが、大手企業をクライアントとし、企業におけるケータイCRMを普及。2007年5月、株式会社ウェブスマイルを設立。ウェブとリアルを融合した総合プロデュース事業を展開し、現在に至る。

CONTACT

東京都新宿区新宿 1-8-1 大橋御苑駅ビル 6F
http://www.websmile.co.jp/

WebSmile

自分の将来は自分自身で決めるもの。だから本当に何がやりたいのかを考え抜く

素朴な疑問を大人にぶつける好奇心旺盛な子供時代

物心ついた時から、好奇心旺盛な子供でした。何にでも関心を持って、「飛行機はなぜ飛ぶの?」「テレビはどうして映るの?」「自動車はどうして動くの?」というような素朴な疑問を大人たちに投げかけては、困らせていたようです。本当に頭の中は、何に対しても「なぜ?なぜ?」ばかり…。本を読むことが大好きだったので、元々知識欲が強かったせいかもしれませんが、今振り返ってみると、さぞかしやかましい子供でしたね(笑)。

〝マーケティング〟という言葉に惹かれ、近畿大学の理工学部経営工学科へ進んだのも、経営と工学を合わせて学べば、何かすごいことができるのでは…と考えてのことでした。

幼少期の好奇心がルーツとなったのかどうかはわかりませんが、大学生の頃には、様々な

疑問の中でも特に「モノを売るためにはどうしたらいいか？」と考えることが習慣となっていました。テレビＣＭや街の看板を見ては「これは何を伝えたいのだろう？　自分だったらこう伝えるのに」などと、いつも思いを巡らせていました。

大手企業勤務から企業再生までの経験を活かし起業

当時はクルマが好きだったこともあり、大学を卒業した後は、カー用品最大手の会社へ就職しました。新人の配属先といえば、各地の店舗配属が大半だったところを、人事部へ猛アピールして、念願の情報システム部へ入ることができました。入社案内に書かれていた「ＩＴは頭脳だ」「会社のすべての仕組みはＩＴが支えている」というコピーに、ＩＴ時代の到来を強く感じたのが志望動機でした。

情報システム部では、人事から会計、顧客、店舗まで様々なシステムの構築に携わることができました。システムというのは、それぞれの現場業務をよく理解していないと作れないのです。ですから、私はグループ１００社、社員数１万人規模の会社の仕組みをひと通り理解する機会を得ることができました。また入社当時から退職まで、労働組合の執行委員を務めたことで、労使の話し合いを通じて経営というものを理解できました。

新卒入社からの会社での8年間は私に得難い経験を積ませてくれましたが、2000年頃になると私は俄然インターネットに注目し始めます。目には見えない武器が登場したようで、これは使い方次第ではすごいことが起こると直感し、2004年に当時モバイルに強かったシステム会社に転職しました。そこでは新規事業で、モバイルCRMという携帯電話を使った顧客コミュニケーションを担当したのですが、残念ながら時期尚早だった取り組みは成就せず、事業を閉じるところまで見届けて再び転職することにしました。後に上場することになるこの転職先では、社長や経営陣に近いベンチャー企業ならではの環境で仕事をし、新規事業の立ち上げやお金を産みだすことの難しさを直接肌で感じる貴重な経験となりました。

その後、ご縁があって、ある企業の会長から、赤字体質だった同社の立て直しを依頼され、事業部長として入社しました。そして1年後に取締役、2年後にはCOO副社長へと職位を上げ、会社全体を見渡せる立場になり黒字化を達成しました。それまでと違い、会社の経営陣として今までにない権限と責任のある経験をしましたが、ここまで来たら、他人がつくった会社ではなく、これまでの経験を生かした自分の会社をつくろう思い、現在のウェブスマイルを創業することにしたのです。

世界的に著名なアーティストのイベントで自分たちの仕事に自信

当社の一番の特徴は、クライアントに対して、ウェブとリアルの両軸でプロモーションを提案できる総合プロデュース力にあると思います。つまり、各種媒体・ウェブ・イベントなどをワンストップで扱い、商品・サービス・事業などをいかに多くの人に知ってもらえるかを、トータルに提案できるということです。最近では、オムニチャネルやO2O（オンライン・ツー・オフライン）といった言葉が何かと取り沙汰されるように、ウェブとリアルの境界線を取り払ったマーケティング手法が主流になりつつあります。しかし、多くの会社ではクライアントからプロモーションの依頼を受けたところで、サイトや広告の制作はできても、商品そのものに対する戦略を考えることはできないというのが現状なのです。

その点、私たちは単なるモノづくりではなく、サービスや事業全体がどう在るべきかを、クライアントと一緒に考えていきます。はじめにニーズの核心をつかむことで、結果的に派生する制作案件すべてを総合的にプロデュースするというのが、私たちのスタイルなのです。

会社の成長過程において大きな転機は、創業2年目にして、ベルサイユ宮殿で作品展を開いたことでも知られる世界的に著名な日本人アーティストが主催するアジア最大のアートフェスティバルに携わったことでした。たった1日のイベントに数億円の予算がつく途方もなく大掛かりな仕事です。当時の会社のマンパワーからすると、これを受ければ他の仕事を全部断るしか道はありませんでした。散々悩んだ末に「これくらいできないなら、自分たちの価値って何？　未来だってないよ」と結論付け、やることにしました。

予算もさることながら、アーティストの世界観を表現するのは至難の業。清掃員の服装からゴミ箱ひとつに至るまで、すべてにおいてイベントの世界観を来場者に感じさせなければなりません。また、そのアーティストは文字でなくイメージで考える人でしたので、一般的な文字や数字のプレゼン資料でなく、アイデアは全部イラストにして見せるようにしました。準備も佳境に入ったころには、スタッフ総出で現場に泊まり込んで同じ生活リズムと価値観で仕事を進めました。

こうして全社一丸となってスタッフ300人を束ねる総合マネジメントの立場で臨んだイベントは大成功。そのアーティストにとても満足してもらえました。このイベント無くして、今の私たちは存在し得なかったと思います。

第二創業期の今。来たれ！「ウェブスマイルを変えてやる！」という若者

創業当時はオフィスもなく、公民館や他人のオフィスなどを転々とする〝ヤドカリ経営〟をしながら、業務内容や資金計画を固めて新宿御苑エリアにオフィスを構えました。実は、私は会社勤めをしている頃から、この界隈の気の合う社長さんたちと「御苑会」という集まりを主催しており、創業の地はここと決めていたのです。あれから3回の移転を経て、現在は丸ノ内線・新宿御苑前駅に直結のビルにオフィスを構えています。ささやかな目標が達せられた感はありますが、それ以上に社員にとって利便性の高い職場になったのが嬉しかったですね。

社名の「スマイル」は、過去の自分に最も足りないもの…という、自戒の念も込めた言葉です。何しろ創業2年目くらいまでは、役員だろうがなんだろうが「こんな提案では刺さらない。俺がクライアントなら破り捨てる」などと厳しく接し、周囲もやりにくかったようです。あるとき役員たちから「実務は私たちがやるので、社長は一歩引いてください」と言われ、それからは経営に専念しています。社員たちにも自覚が生まれ、自立していく流れができて、やはり人は言葉で動かすものではないと実感しました。今となっては社員、関係者のお陰で見失っていた「スマイル」がようやく手に入ったように思います。

２０１５年――私たちは東証一部上場のブライダル大手、株式会社エスクリの傘下に入りました。元々エスクリは、式場やドレス、写真などワンストップでの内製化を強みにしていたのですが、プロモーションやイベントについては広告代理店に外注していました。そこへ当社の企画部門とプロモーション部門、各種制作機能が加われば、ブライダルイベントやウェブ戦略などもすべて内製化できます。

彼らと共に業界1位を目指すことで、私たちウェブスマイルも成長できます。グループ入りを決断したのは、こうした相乗効果が明確にイメージできたからです。

今後はブライダル事業から派生する様々な事業も立ち上げます。将来的に新しい事業をつくりたいという人にとっては、エスクリグループの一員として仲間と一緒にチャレンジできる機会がたくさんあることでしょう。

一部上場企業グループという後ろ盾を得た今こそ、企業文化をしっかりと作る時機と見定め、２０１６年から新卒採用をはじめました。これを第二創業期と位置づけて、今後10年間で8割の社員を新卒組にしたいと考えています。

新卒メンバーは私の直轄にして、私自身のキャリアで得た喜びや苦しみなども含めたそのすべての考えを伝えていきます。それを企業文化として根付かせてウェブスマイルをより価値のあるサステイナブルな企業にしたいのです。そのためには攻め続けるしかありません。可能性豊かな若者とともに、変えられるものはすべて変えて、新しいウェブスマイルを育てていきます。

採用のポイントは人間力と元気力、そして「会社を変えてやる！」というくらいの気概があるかどうか。就職を決めることはある意味、人生の岐路に立つことなので苦悩することもあるでしょう。しかし、自分の将来は自分自身で決めるものです。思い通りに生きる自由を手にするには、同時に責任も発生します。そのことをよく理解したうえで、本当に何がやりたいのかを考え抜いて欲しいですね。

インタビュアーの目線

大学時代は就職しないでアメリカでたこ焼きチェーンをつくることを夢見ていたという渡辺さんは天性のマーケッター。サラリーマンから企業再生の経験を経て創業社長となって、普通はそこで完結してしまいがちですが、あえてM&Aで再び、グループ会社の社長という道を選ぶところに、渡辺さんの本当の強みを感じました。一部上場企業の後ろ盾を得た今、〝軍師〟としての手腕も楽しみです。

株式会社ゼニアス

代表取締役

坂口 勇介

Yusuke Sakaguchi

1978年、埼玉県生まれ。1998年、大学中退後、渋谷区の老舗不動産会社へ就職。持ち前の営業力と行動力により最年少記録を次々と塗り替える。2002年、24歳にて売買営業の管理職へと抜擢され、仕入れ物件の決裁権を与えられる。約9年間の在籍期間中に販売したマンションは1000件を超える。2007年2月、株式会社ゼニアス設立、代表取締役に就任。「従業員とその家族が誇れる会社を作る」を目標に掲げ、経営理念である「真の豊かさの追求」と「人間性の向上」を追求して、現在に至る。

CONTACT

東京都渋谷区広尾1-1-39 恵比寿プライムスクエアタワー 18F
http://www.zegnas.jp

明確な目標を持って挑めば、辛い仕事も辛くない。辛いと思わないからすべてがうまくいく！

「コンパクトラグジュアリー」な中古マンションで差別化

中古マンションを買い取り、リノベーションして販売するのが当社の主な事業内容です。また、マンションやアパート、ビルなど、投資用物件をご購入いただいたお客様向けには、賃借人の募集、家賃の受け取り、近隣とのクレーム処理などの一貫したプロパティマネジメント（ＰＭ）事業も行っています。

中古マンションは、比較的コンパクトな物件に特化し、リノベーションする際のデザインをラグジュアリーに演出する「コンパクトラグジュアリー」をコンセプトにすることで、他社との差別化を図っています。都心部を中心に展開している理由のひとつは、東京23区の平均世帯人数が１・８８人（平成27年）と2人を割り込んでおり、しかも年々さらに減る傾向にあることです。つまり、単身者やDINKSがこれからも増えていくので、ワンルームや1LDKなど、コンパクトな物件へのニーズが一層高まるものと見込んでいます。

私たちのビジネスにおいて肝となる物件情報については、地元の不動産業者から取り込むほか、時には売れ残っている物件なども含めて、こちらからアプローチすることも少なくありません。売れない物件と言っても、ほとんどの場合、〝室内が汚い〟〝設備が古い〟というのがその理由です。エアコン等の電化製品やキッチン、バスルームなどの設備は築10年、20年と経つと、ものすごく古く感じるものです。こうした物件を私たちが買い取って、照明器具の交換やシステムキッチン導入、バスルームに追い焚きや乾燥機、ミストサウナなどの機能がついた湯沸かし器を設置したうえで、部屋を現代風に格好良くリノベーションすることで、物件の価値は飛躍的に上がります。特に都心の人気のエリアであれば、築年数とはあまり関係なく、高く評価されるケースが多いですね。

40㎡に満たなくて、銀行の住宅ローンが通らない物件は買い手が見つかりにくいのですが、当社はそうしたニッチなところもあえて買いに行きます。中古マンション販売だけでなくPM事業も手掛けており、投資用物件の出口戦略を持っていることが、逆張りのビジネスも可能にしています。

2020年の東京オリンピックに向けて、都心の物件は値上がり基調にあり、全体の売り物件数は少なくなっている中、当社が前期比1・5倍の契約数を達成できているのは、コンパクト物件にもアプローチできるスキームを多く持っているからなのです。

父と大ゲンカの果てに、過酷な職場に出会う

起業を意識したきっかけは大学時代です。父が建築関係の会社を経営していて、長男である私は、いずれ父の会社を継ぐものだと思っていました。しかし大学1年の夏休み、父の会社でアルバイトした時に、社長の息子ということだけで「勇介ちゃん」呼ばわりされては、何かとチヤホヤされました。「ここにいたらおかしくなるな」学生ながらにそんな危機感を強く意識したのは、よく覚えています。

そんなことがあった後、些細な事で父とケンカになり「大学に行く金は払わない！」「上等だ！」売り言葉に買い言葉で、家を出てしまいました。大学も辞め、知人の部屋に居候したりしながら、アルバイトで生活していたのですが、「このままじゃいけない、就職しよう！」と職探しを始めました。

ケンカ別れはしたものの、父と同じ建築か不動産関係の仕事がしたい。父の会社を継げないなら、将来は自分の力で社長になろう。おぼろげにそんなことを考えながら、自分が

成長できる会社を探していた時に見つけたのが、「年齢不問、未経験OK、基本給30万円」という求人広告。「給料が高い！」と迷わず決めました。

仕事は投資用不動産販売の電話営業です。朝の9時に「おはようございます」と挨拶すると同時に電話を持たされて、しまいにはワイシャツの肘の部分が薄くなって破けるくらい、夜の11時くらいまでひたすら電話を掛け続ける日々。後から入ってきた人たちも、あまりの厳しさにどんどん辞めていきます。朝に仕事の説明を受けて、昼食に出たまま、戻って来ない人も、4人に1人くらいいました。

定時は20時なのですが、帰ろうとしようものなら「契約も取れなくて帰れると思うのか！」と詰められる。信じられないのですが「契約する時以外は外出してはいけない」みたいなルールがあって、交渉は終始電話。しかも上司が常に横で聞いている監視状態、というのが日常でした。

誰もが「そんなに辛い仕事を」と同情してくれましたが、私が9年間続けられた理由は、実は辛いと思ってなかったからなんです。というのも、アポイントも契約もすぐに取れてしまうのです。その結果、24歳の会社史上最年少で営業の責任者に抜擢され、多い年はひとりで数億円の利益を叩き出していました。

契約が取れた理由を当時、後輩には「営業はセンスだ」と言っていましたが、今考えてみると、仕事が好きで、苦だと思わなかったことがすべてだったように思います。「苦しい」と思ってやっていると、それが言葉や態度に出てしまいます。そんな状況でも自分の成長など、すべてを楽しんでいたことが、営業成績につながったのでしょう。当時の過酷な経験が、今の私を作ってくれたとすら思っています。前向きすぎるかもしれませんが、それが私の取り柄です。「会社を辞める時は独立する時」と決めていた私は、9年間、その会社を勤めあげた末に退職、現在のゼニアスを起業しました。

「時間・経済・心」3つの豊かさを自分の会社で実現したい

創業時に目指したのは社員がイキイキしている会社です。前の職場を反面教師に、今度はキラキラした目の社員を育てたいと思い、「時間・経済・心」という3つの豊かさを軸に据えました。

「時間の豊かさ」について言えば、不動産会社は休みが少なく、夜は早くても21時というように、残業時間も長いというのが常識です。当社ではノー残業デーを多めに設け、9時半始業、昼休みは11時45分から13時、定時の19時になったらすぐに帰るように徹底しています。どうしても残業や休日出勤をしなくてはならない時は、半休や代休を取るように、私からも伝えます。そうすることで体調の管理にもつながるし、時間を効率的に使うことも意識できると思うのです。

「経済的豊かさ」のためには、成果を上げればその分給料も上がる、わかりやすい歩合のシステムを設けています。社内にはさまざまな表彰制度があり、表彰式も大々的に盛り上げることで、競争意識を生み出しています。一方で、「ベストチーム賞」など、チームがうまく機能するような仕掛けを作ったり、昇進後は部下の数字からのフィードバックを厚くしたりするなど、〝自分さえ良ければ〟という社員を作らない、人間力が試されるようなやり方を取り入れています。

「心の豊かさ」とは、「正しいことができる人間になる」ということです。そうなれば、「この人と一生付き合いたい」と誰からも思われるようになり、結果的に自分にも多くの還元があると思うからです。

朝礼にも力を入れていて、最後には必ず全員で声出しをします。営業でしたら「契約出します!」、事務系でしたら「元気よく行きます!」など自分の好きな言葉を、自分の出せる一番大きな声で叫びます。大きな声を出すことで、脳もからだも目覚める効果があると考えているので、大事にしているルーティンです。水曜、隔週休みの土曜の出勤日には朝礼は休みにして、2人1組でエントランス回り、壁拭き、花の水やりなど、役割分担を決めて、30分かけて全員で掃除をします。身の回りをキレイにすることで心もきれいになるし、他部署の人との交流の場にもなっていると思います。

社員の交流の場としては、社員全員参加で毎月のお誕生生会、忘年会の旅行、決算月の6月の海外旅行を催行しています。海外はマカオ、ラスベガス、ハワイ、2015年はセブに行きました。

2016年から新卒採用を始めて、12名が入社してきました。これまで採用してきた中途も、あえて不動産業界未経験者だけを採用してきたので、それならば新卒のほうがよかろうと舵を切りました。未経験にこだわるのは、不動産業界を一度経験すると、前の会社の色がなかなか抜けないからです。業界未経験であれば、迷いや先入観もなく、ゼニアスカラーに染まってもらえますからね。

社名には、不動産業界の頂点（ゼニス）を目指し、お客様の近く（ニア）にいて、努力を怠らず才能（ジーニアス）を開花させよう…という意味が込められています。実はお金の「銭」にもちょっとかけています。

今の会社の目標はＩＰＯ。そうすることによって知名度を上げ、より良い人材を採り、より意欲的な成長を続けることを目指しています。

当社が求める人材は、真っすぐで素直な人。スポーツマン気質で、とにかく前向きであること。そういう人と一緒に交わっていきたいです。何か失敗をした時に言い訳を探してしまう人と、真っすぐで前向きに「次は頑張ろう」と思う人とでは成長のスピードが違うと思うからです。

「日々発展向上、さらなる成長をしよう」という企業理念の通り、常に成長できるイメージを持ち、キャプテンやリーダーになれる人と一緒に会社を発展させていきたい。今年のスローガンはまさに「リーダー育成」。前向きで真っすぐな人を待っています。

インタビュアーの目線

お会いした瞬間から取材の最中まで、いつでも人懐っこい笑顔で、取材現場を和やかな雰囲気にしてしまう坂口さん。誰もが逃げ出す過酷な職場で9年間経験を積んだからこそ、しっかり結果を出しながらも人に優しくできる度量が身に備わっているのでしょう。社内イベントで盛り上がる若手社員の様子を、本当に嬉しそうに語る姿は、弟や妹を愛する〝お兄ちゃん〟のようでした。

スタークス株式会社

代表取締役 CEO

上ノ山 慎哉

Shinya Uenoyama

1983年9月生まれ。大学卒業後、ダイレクトマーケティング支援企業ファインドスターに入社。新規事業立ち上げ、営業マネージャー、グループ会社役員を経験。同社からの出資を得て、2012年7月にスタークスを設立。代表取締役CEOに就任。インターネットを活用したサービスの開発、販売を行う。事業立ち上げ3年余で、サービス利用企業数は1000社を超え業界シェアNo.1に。現在、事業・従業員ともに拡大し、さらなる成長に向けて会社をリードしている。

CONTACT
東京都港区白金台3-19-1 興和白金台ビル7F
https://starx.co.jp/

偶然を運命と考えて取り組めば、それが人生のターニングポイントになる

小学校の恩師との出会いがすべての始まり

自分が生きていくうえで「偶然を運命にする」ことを大切にしています。「偶然の出来事かもしれないけれど、これは運命なんだ」と考えて真剣にそれに取り組むのです。実際、今までもそんな行動が、人生のターニングポイントや好転のきっかけになってきました。

人生初のターニングポイントは小学校高学年の時。生徒全員から慕われる担任の先生がある時、「上ノ山って、リーダーシップをとったり、人の前で話すことが得意じゃないか？」とクラスメイトに話したんです。私自身は半信半疑でしたが、みんなは「先生が言うのだから、そうかもしれない」と思い始めます。しまいには自分でも「そうかも」と考え、学級委員になったり、人前で積極的に話すようになりました。すると本当にリーダー

シップを発揮したり、人前で話すことが楽しくなっていきました。先生が私の才能を引き出してくれた…この経験は衝撃的でした。

人が持つ才能を引き出して、その人の人生を輝かせたい

私も人の才能を引き出して、その人生を輝かせられるようになりたい。そのためには、他者や世の中に影響を与えられる人間にならなくてはならない。そう思うものの、答えが見つからないまま大学進学のために上京。「今までにやったことがないチャレンジをしてみよう」と飛び込んだジャズダンススクールで、主宰をしていた先生と出会います。

毎日を情熱的に生きながら、ダンスと言葉で人々を魅了するその姿に触れ、私もダンスを通じて他者に影響を与えられる人間になりたいと思ったものです。しかしある時、自分にはダンスの才能がないことを思い知ります。ダンスでは私の夢はかなわなかったのです。

2005年頃はITベンチャーブームで、サイバーエージェントやライブドアが注目されていた時代。起業家という生き方を知り、起業家として成功を収めることで、「他者や世の中に影響を与えられる人間になって人の才能を引き出し、その人生を輝かせる」という夢を実現できるのではないかと考えた私は30歳までに起業することを決意しました。

挫折と成功、そして東日本大震災を経て決意した起業

就職先には、起業を見据えて、当時は社員20名ほどの広告系ベンチャーだったファインドスターを選びました。しかし、これから絶対に伸びると信じ、社長に直談判して、新規事業であったインターネット広告を担当したものの、思うような成果を出すことができず、半年で事業撤退。社会の厳しい洗礼を浴びることになりました。

その失敗を取り戻すため、別部署で必死に働いてマネージャーに昇格したのですが、そのタイミングで社長から「もう一度、インターネット広告にチャレンジしてみないか？」と打診されました。一度撤退した事業に再挑戦して成功すれば、将来起業する時、きっと役に立つ。そう考えて、引き受けることにしました。伸びている市場で勝つには、競合他社との差別化をすることが大切です。私は媒体社から広告枠を大量かつ安価に仕入れ、顧客に成果報酬で販売する広告事業を企画しました。この事業が当たり、売上を2年で2億から10億円まで大きく伸ばすことができました。

かつて30歳までに起業しようと決めていたものの、恵まれた会社の待遇や環境のおかげで、しばらくこのまま続けてもいいかと思っていた矢先、東日本大震災が起こります。27歳の時でした。「人生はいつ終わるかわからない」と思い、起業の期限を決め、会社には

「ミッションは達成させるので、1年後に辞めさせてください」と退路を断ちました。

ベンチャー企業社長が薦めてくれた孫正義さんの講演CDに衝撃

起業は決めたものの、何をやるかは決まっていませんでした。そこでベンチャー企業の社長に会いまくって、自分の思いを語り続けた中で出会った一人が、情報通信ビジネスを行うベンチャー企業のディ・ポップス後藤社長でした。「起業を決めたけれど、まだ事業内容は何も決まっていないんです」と正直に後藤社長に話しました。すると「もしかすると、今の君にはこれが役立つかもしれない」と渡してくれたのが、ソフトバンクの孫正義社長が28歳の時の講演を収めたCDでした。自分が28歳で起業する時に28歳の孫正義さんの話を聞くのも運命的だと思いましたが、戦略の立て方、マーケットの見極め方など、あまりにも斬新な内容に衝撃を受けました。中でも印象に強く残ったのは3点です。

- ベンチャーは絶対に成長するマーケットで勝負すべき。
- 成長マーケットでも1番になれることしかやらない。
- 絶対に1番が取れるための戦略を作る。

最初に選ぶマーケットで全てが決まると語る孫さんの言葉に深く納得し、私もこれらの要素を基に今のビジネスを考えました。そこで目をつけたのが、成長し続けていたEC（インターネット通販）マーケットです。その中でも、リピート購入という分野に特化したサービスがまだ少なかったので、その分野なら独占できるのではないかと考えました。

しかしマーケットの成長スピードからすると、一からサービスを作っていたのでは他社に後れをとり、シェアを奪われてしまいます。それならば、私の頭にあるイメージのようなサービスを既に持っている会社とアライアンスを組もうと考え、出会ったのが「たまごリピート」というシステムサービスを開発していたテモナ社でした。

私はテモナの佐川社長に「御社と独占契約をさせてください。既存の代理店との契約も切って、直販はやめてください。その代わり御社が望む結果を必ず出します。私を信じてください」と頼み込みました。そして、「他社は御社以外の製品も販売するでしょう。でも私は御社の製品しか扱わない。結果が出るまで絶対に諦めません」と断言したことで信頼していただき、最初の事業が決まりました。

また起業にあたり、ファインドスターから出資していただけることになり、2012年7月にスタークスを創業しました。

売り手と買い手が信頼し合えるECの実現に向けて

当社はEC業界向けに、リピート購入に強みを持ったインターネットサービスの企画、販売を行っています。新規顧客の開拓はテレアポなどのプッシュ型の営業ではなく、見込み顧客からのお問い合わせが発生する仕組みを作ってプル型営業を中心に行っています。月間で40～50社の新規契約企業が増えていますが、営業は4名で、うち3名は営業未経験の新卒、トップセールスマンは入社1年目です。

良いサービスの一つの基準は、新人でも無理なく販売できることではないでしょうか。経験豊富な営業マンでなければ売れないのは、そもそもマーケット選びを間違えているか、サービスの難易度が高いかのどちらかです。顧客の潜在的なニーズにこだわり、成長マーケットに向けていい商品を作る。顧客の声を基に、「買わない理由がない」というくらいにまでコンセプトを絞った商品開発をすることで、社員みんなが結果を出せる仕組みを作っています。新人も商品が売れることで成功体験を積み、事業を通じておのずと育っていきます。

現在、リピート購入という売り方に強みを持ってEC市場でナンバーワンになることを目指しています。今後ECは「何を買うか」から「誰から買うか」がより重要になっていくと思っています。Amazon、楽天などによるECサービスの普及で、商品を安く便利に購入ができるようになりました。しかし、いくら安く、便利に物が購入できても、今のECサービスで全ての買い物ニーズが満たされているわけではないと考えています。例えば、リアル店舗で、店員に自分の好みを伝え、商品を提案してもらうことで得られる「予期せぬ偶然の出会い」を体験できるようなECサービスはまだ少ないからです。商品や情報があふれる中、自分で商品を選ぶことが困難になっているので、自分の潜在的ニーズを満たすような商品と出会うために信頼できる人に商品を選んでもらい、提案してもらいたい。そんなニーズは、今後ECでも求められると思います。

売り手の顔が見えにくいECだからこそ、顧客との信頼関係を築いて「何を買うか」から「誰から買うか」へシフトすることが重要です。信頼関係を基軸とした販売手法をとることで、売り手と買い手双方にとって、物心ともに豊かになる理想的な商取引が実現できると思います。成長市場であるEC市場で、リピート購入に強みを持ってサービスを提供してきた弊社だからこそ提供できる、「新しいECの未来」を創造し続けたいですね。

自分で意思決定できる人が幸せになれる

若い人には意思決定する機会を多く経験してほしいと思います。人生の中でたくさん意思決定をして「こういう判断軸はダメなんだな」「こういう選択をしてよかった」など、いろいろな経験を蓄積し、その結果を受け入れる連続が成長につながります。

仕事は人生を豊かにする大切な手段です。ベンチャーでは一般の企業に比べて、意思決定をする場面がたくさんあります。その数と質を積み重ねることが成長と幸せにつながります。高い志を持っているメンバーが仕事を通じて自己実現できるようにしたい。その思いも込めて、たくさんの意思決定ができる機会を創り続けたいですね。

インタビュアーの目線

「最初の事業選びが重要だ」と創業前に何度も考え続けたと語る上ノ山さん。成功して欲しいと応援してくれた最初の就職先であるファインドスター社長、想いを孫さんのＣＤに込めてくれたディ・ポップス社長、腹をくくって信じてくれたテモナ社長らとの出会いが成功の背景にあったようですが、その出会いを引き寄せたものこそ、上ノ山さんの人間力でしょう。

日本メディカルネットコミュニケーションズ株式会社

代表取締役社長

平川 大

Dai Hirakawa

1973年、埼玉県生まれ。青山学院大学経済学部卒業後、約10年にわたりIT業界でPGやSE、営業などさまざまなキャリアを積む。2005年4月、「医療」×「インターネット」という領域におけるパイオニアである同社へ入社。ソリューションセールス事業部や支社の立ち上げ、新規メディアの立ち上げを行ったのち、2006年4月に取締役に就任。その後も、HP制作やSEM、販売代理などの新規事業を立ち上げ、2010年12月東証マザーズ上場を果たす。2012年8月より代表取締役社長に就任。5年先、10年先の「未来」を常に見据え、新たな価値の創造と既存事業を融合させた「歯科医療領域における総合事業展開」を進めるなど、革新と挑戦を続けている。

CONTACT

東京都渋谷区幡ヶ谷 1-34-14 宝ビル 3F
http://www.japan-medic.com/

仕事は人生そのもの。本気でやれば、世の中だって変えられる

ビジネスを創る小学生

いつか起業しよう。ビジネスって面白い。僕がそう思い始めたのは、小学生の頃です。大手製菓会社の問屋の存在を知り、かなり安くお菓子が買えると教わったことがきっかけでした。安く仕入れられれば、定価で売っても利益が出ることはすぐに頭に浮かんだのですが、それだけではつまらない。何か、付加価値をつけようと考えました。

うちは、兄を筆頭に新しいものが好きな一家で、最新家電や機器の導入が早い家でした。当時はまだ珍しかったゲーム機も当然、持っていたのです。僕はこれを活かすことにしました。

ゲーム好きな友達を家に呼んで、ゲームセンターで遊ぶと1回100円かかるゲームを、

50円でやらせてあげよう。不良に絡まれる心配もなく、お菓子を食べたりジュースを飲んだりしながら快適に遊べるなら、きっと喜ばれるはずだ。そう考えたのです。ちなみに、そのお菓子は例の問屋から安く仕入れたもので、ジュースは缶入りよりずっと安い粉のスポーツドリンクを溶いたもの。もちろん、すべて有料です(笑)。

僕はこの「ビジネス」を小遣いのために起こしたわけではありません。お客さんから得た利益で新しいゲーム機を買い、いわば設備投資をし、さらに顧客を増やす。経営者として夢中になっていたのです。僕の起業魂はこんなふうに形成されたように思います。

リア充とオタクの2足のわらじ

そうこうするうち、僕の興味はしだいにサッカーに向かい始めます。中学校では、全国レベルのサッカー部に入部し、練習に明け暮れるようになりました。ザ・体育会系といった感じの、非常に厳しい部活です。そして同時期、僕は、白分の将来を方向づける趣味を、もう一つ見つけました。

新しもの好きな兄が入手し、早々に飽きてしまったパソコンを譲り受けたのです。それはシャープの「X1 turboII」というハイグレードなモデルで、すぐに夢中になりました。

パソコン雑誌を読み込んで簡単なゲームを作ったり、まだ一般化していなかったインターネットで、オタク同士の情報交換をしてみたり…。こうして、サッカー部という花形の部活に入って、今でいうリア充的な学校生活を送る一方で、部活が終わるとパソコン・ゲーム三昧というオタクな生活も送るようになったのです。

中学校の時に始まった、この2足のわらじ生活は大学まで続きましたが、その頃には、社会に出るなら、好きなこと、得意なことで、自分の身を立てたいと思うようになっていました。というか、そうでなければ働けないと思ったんですね。

となると、選択肢はサッカーかコンピューターの2択になります。しかし、大学で所属していたサッカー部は、Jリーガーを多数輩出しているレベルでしたから、自分の才能ではプロは無理だということはわかっていました。そこで、IT業界への就職を決意したのです。

泣きながら働いた日々

僕が新卒で就職したのは、エンジニア向けのシステム開発支援ツールを作っている大手システム企業です。希望通りプログラマーとして採用され、忙しくも楽しいワークライフを満喫していました。

ところが、3ヵ月ほどたったある日、突然、製品開発の部署に転属することになりました。その会社は、オーストラリアを拠点とするシステム企業の日本総代理店でもあったのですが、僕はなぜか、その企業の、ある開発ツールの日本市場責任者に任命されたのです。製品開発部にいる人たちというのは、OSの仕組みを熟知しきっていて、裏技を駆使してOS自体をカスタマイズできてしまうような人ばかりです。まさにオタクの中のオタク。会社の頭脳部隊です。

そんな人たちの足元にも及ばない僕が、オーストラリア発の開発ツールを日本語環境に適合させて、テストをして、日本の市場に売らなければならないのです。ITの知識は足りないし、オーストラリア発のツールということで、マニュアルもソフトも、本国とのやりとりもすべて英語です。大げさではなく、毎日泣きながら仕事をしました。

しかし、同時に、楽しさも感じていました。それは、仕事のやり方が性に合い、やりがいも大きかったからでしょう。そう感じさせてくれたのは、当時の上司のおかげでもあります。彼の指導方針は「結果を出せ」。相談には乗ってくれますが、約束の期限までは一切口出しをせず、結果を出せば正当に評価してくれる人でした。

例えば、僕は、製品開発部に転属して以来、お客様に接することがなくなったので、服装も髪型も自分スタイルで出社するようになりました。しかし、会社には、ダークスーツに白シャツ、黒髪にネクタイという暗黙の服装ルールがあったのです。当然、上司にも注意されましたが、僕は、「このスタイルでないとテンションが上がらない。もし、3ヵ月で結果を出せなかったら指導に従うから、それまで黙って見ていてください」と譲らず。結局、上司はその条件をのみ、僕が約束を守った結果、会社を辞めるまで自分スタイルを貫かせてもらえました。

その後も上司は同じように、今から思うと生意気だった僕を見守り、評価し、力になり続けてくれたのです。そのおかげで培うことができた経験は今でも僕の糧になっていて、本当に感謝しています。

こんな調子で2年が経過した頃には、そのツールも英語も完全にマスターし、同時にキャリアチェンジを考えるようになりました。システムの提供側でなく、使用するエンドユーザー側のことを知りたくなったのです。将来、経営者になるなら、ひとつのことを極めるスペシャリストではなく、幅広い知識を持つジェネラリストにならなければいけないと思っていたからです。

その後は大手テレビ通販企業の情報システム部に転職。前の会社で作っていたシステムの運用を経験したほか、外資系のＩＴベンダー企業で、さまざまなハード、ソフト、ソリューションなどの販促活動を手掛けるなどして、ＩＴの知識を幅広く身につけました。

世の中を変えていける仕事

こうした道のりを経て、僕はいよいよ起業します。出張でよく訪れていた海外でネットビジネスを始めたのです。ですが、その国特有の風土と僕の価値観のズレや考えの甘さのせいで経営状況は良いとはいえませんでした。

悩みを抱えて帰国したときに出会ったのが、当社の会長、早川亮です。当時社長だった早川は僕の心構えを叱責した上で、「上場準備を手伝ってくれないか。とりあえず、来年までに売り上げを倍にして」と言うのです。まだ社員は6人で、売り上げも1億円に満たない頃のことでした。けれども、この感じはまさに、僕の好きな「結果を出せ」パターン。俄然やる気になった僕は、早速海外の会社を他社に譲渡し、入社を決めました。

あれから年月が流れ、現在当社では、「医療×ＩＴ」をキーワードに、さまざまなサービスを提供しています。特に歯科の分野に強く、「インプラントネット」などの歯科専門サイトをはじめ、美容整形専門サイトや美容情報サイトなど、さまざまな消費者向け医療ポータルサイトの運営をメイン事業としています。

飲食店をインターネットで探す人も多いと思いますが、その歯科版のようなサイトです。患者さんの目線に立って、医療情報をわかりやすく伝えるほか、数多くある医院の中から、より希望に叶う医院探しのお手伝いをしているのです。

僕がこの会社に入ったのは、手応えのあるミッションを課せられたからというだけではありません。得意のITを通じて人の役に立つことができる仕事だと思ったからです。僕たちが存在することで歯科や医療への一般理解が深まれば、より良い医療環境を作っていける。いわば、世の中を変えられるんです。これって、ものすごいことだと思いませんか？

仕事は生きてきた証

せっかくこの世に生を享けたのなら、何かを残したいじゃないですか。僕は、仕事は人生そのものであり、自分がどのように生きてきたかという証だと思っています。

これから社会に出る人には、ぜひ、世の中を変えられるような仕事場を探して、そこで情熱を持って働いてほしいと思います。社会の一員として何かに夢中になる。そうすれば、大きなやりがいが得られ、知識や人脈も増えて自分の財産になる。いろんな意味で人生が豊かになるでしょう。そして、僕たち経営者は、みんながそう思えるような環境を作っていかないといけない。常に、そう考えています。

インタビュアーの目線

パソコンやゲームに没頭していたオタクな幼少期がご自身のルーツと語る平川さん。ひとつの仕事を極める度に活躍の場を移し、まるでジグソーパズルのピースを埋めるようにキャリアを形成されていった様は、今の若い方にも大いに参考になる仕事観だと思います。日本サッカー協会主催の全国シニア（40歳以上）サッカー大会で勝ち取った念願の優勝も、ピースのひとつなのでしょう。

株式会社ギャプライズ

代表取締役会長 兼 CEO

土屋 裕樹

Hiroki Tsuchiya

大学の学生時代から個人事業主としてWEBマーケティングに取り組む。カナダ留学を経て、2003年、学生時代立ち上げに関わったベンチャーに役員として復帰。2006年、株式会社ギャプライズに参画、同時に取締役就任。WEBマーケティング事業立ち上げを経て2010年、取締役副社長就任、2013年より現職。

代表取締役社長

甲斐 亮之

Ryouji Kai

新卒入社した会社にて「仕事を通じて社会に価値を還元できているか」と疑問を抱く中、大学時代の親友である創業者の誘いで株式会社ギャプライズに参画。ネットショップおよびランディングページの設計・構築・運用・プロモーションなどを担当。2010年、執行役員に就任し、マーケティングサービスを統括。2013年より現職。

CONTACT

東京都千代田区外神田2-17-3 アヤベビル4F
http://www.gaprise.com/

右：土屋裕樹
左：甲斐亮之

仕事が楽しければ、人生も楽しくなる。失敗しても、前向きに次を考えよう

2軸で「WebマーケティングのROI最大化」を目指す

※ROIとは投資対利益率

甲斐亮之社長（以下、甲斐）：私たちは、「WebマーケティングのROI最大化」を前提として、2つの事業を軸に展開しています。1つ目は、Webマーケティングの支援。お客様のターゲットを明確にし、そのターゲットがどのような経路でホームページにたどり着くのかを検証して戦略的な集客を行うための全体の設計から、ターゲットが最初に着地するランディングページの構築と改善、プロモーション、運用支援、分析までをワンストップで提供しています。従来はこうした一連の業務を複数の会社で分担するのが一般的でしたが、どうしてもお客様の温度感の伝わり方に差が生まれ、想定していたものとは異な

る成果物が出来上がって、結果として売り上げ拡大に結び付きにくいという悪循環に陥っていました。

当社では、検索エンジンやキーワード広告、ソーシャルなど、あらゆる方法で集客し、ランディングページでターゲットの心をつかみ、損益分岐点を明確にした広告運用を行うという流れを一気通貫で請け負うことによって全体に統一感を持たせ、ＲＯＩの最大化を実現しています。ランディングページに関しては、ネットショップの店長代理業務を行っていた時代に「購買の意思を左右するのは広告ではなく着地点となるページである」と気づいてから、徹底した作り込みを行ってきました。最初から「ランディングページでは当社がNo.1です」と言い切って営業するくらい、プライドを持っているところです。そして現在では、ランディングページは一部のサービスで、Ｗｅｂマーケティング全体の設計やＡＢテストなどによるサイト全体の収益最大化の支援を行っています。

２つ目は、海外の国々からマーケティングツールを輸入して展開するという事業です。中でも「第2のシリコンバレー」と呼ばれるイスラエルのツールは独創的で、発想の豊かさに驚かされますね。日本のお客様のニーズを満たすツールも多々あり、順調に導入数を伸ばしています。

土屋裕樹会長（以下、土屋）：Webマーケティグ支援においては、「購買心理プロセス」を分析してロジカルに落としていくという点が他社と大きく異なるところです。ユーザー心理の本質をつかめないままに漠然としたマーケティングを行うと、売り手側のメッセージと消費者のニーズが不一致を起こしてしまいます。具体的な仮想ユーザーを立て、ターゲットの真のニーズにお客様の強みを結びつけることによって、効果的な集客を実現しています。

危機に瀕しても動じずにいられたのは、確固たる理念あればこそ

土屋：私が当社の経営に参画したのは、以前勤務していた会社で前代表の佐藤と出会い、彼が現在の副社長である鈴木と一緒に会社を興すタイミングで誘われたのがきっかけです。私と甲斐はこの会社のボードメンバーとして出会い、前代表から引き継ぐ形で2人代表制をとりました。そして甲斐が直接的な事業の推進を、私がマーケティングサービスや企業文化の構築といったゲームメイク的な役割と最終的な事業責任を担うという今の経営スタイルに行き着きました。

そもそも、私が誘いに応じて当社に転職を決めたのは、当時働いていた会社の「ただひたすら数字を追う」という経営方針に不満があり、しっかりとした経営理念とポリシーを持った会社を創りたいと考えたからでした。「いつも心にエンタテインメント」という経営理念のもと、さまざまな制度や福利厚生を考案して形にしているのもそのためです。

中でも特徴的なのは、「着ぐるみ福利厚生」ですね。設立当初のお客様が着ぐるみ販売のネットショップで、商品サンプルが社内にいくつか置いてあったんです。ある夜、アイデアが浮かばず企画が行き詰まってしまった社員が、気分転換をしようとふと着ぐるみを着てみた。すると、テンションが上がって気持ちが切り替わり、一気に企画書を書き上げられたというのが、この制度の始まりでした。着ぐるみを着た社員はおそらく、「これを着て企画書を書いたら面白いだろうな」と心のどこかで考えたと思うんです。他人を喜ばせたい。ワクワクさせたい。それは、図らずも当社の理念を体現するものでした。それならいっそ「着ぐるみを着てもいい」文化を促進すれば、多様性を認める社風を根付かせることができると考えて制度化したというわけです。

また、この制度を導入したことによって、採用段階で価値観の共有ができるという副産物的な効果もありました。「着たいときに着ぐるみを着る会社である」ということを最初に見てもらうので、そうした文化に魅力を感じ、共に働きたいと思う人だけが集まってくれています。

甲斐：現在の体制に落ち着くまでには、代表交代に伴う混乱やリーマンショックなど、存亡の危機を感じた時期もありました。メンバーも少なからず不安だっただろうと思いますが、私たちはひとりのカリスマ経営者に惹かれて入社したのではなく、「いつも心にエンタテインメント」という経営理念に共感して、ここで働けたら幸せだという思いのもとに集った仲間です。代表が替わっても、会社にいる意味はなくならない。社員たちは上層部の変化を受け入れ、動揺を見せることなく過去最高の売り上げを挙げてくれました。理念をしっかり作ってよかったと、心から思いましたね。

社員の多様性を認め、「やりたいことをやれる」会社でありたい

土屋：ベンチャーで働く面白さのひとつは、今年はなかった事業が翌年には会社の柱になっているかもしれないという成長の速さだと思うんです。経営陣と社員の距離が近く、「良いアイデアを思い付いたので話を聞いてください」「新しいことをやってみたいんです」と直接ぶつかっていくことができるのも、アクティブな人にとってはたまらない魅力

でしょう。

私自身、大学時代にベンチャーに関するゼミを専攻し、独立志向を持って企業の立ち上げやコンサルティングに関わってきました。発想力と実行力があれば、年齢に関係なく大きな仕事を任せてもらえる。アクションに対する反応が早い。こうしたベンチャーならではの特性は、積極的に人生を謳歌していきたい、チャレンジできる何かが欲しい、という方にとって、自らの成長を早めるために非常に有効だと思います。

甲斐：私自身は、ベンチャーだからという視点で会社を選んだことはなく、同じ目標を持った仲間と幸せに働きたいという思いでこれまでやってきました。とはいえ、一浪して大学へ入り、遊びに夢中になって留年した経験もある私が、これだけの短期間で企業の経営に携わる立場へとステップアップしてきた過程は、ベンチャー企業ならではの成長スピードを体現していると思います。意欲と実績しだいでいくらでも責任のある仕事を任せてもらえるし、そこでもし失敗したとしても、「次はどうしようか」という前向きな思考が歓迎される。既成概念にとらわれずに挑戦し続けられる環境は、他では得難いものです。

実は現職に就いたときは、創業者である前代表のように他を牽引する存在になるべきではないかと悩んだこともあったんです。しかし、私は私であって、誰かの真似はできない。

同じ思いの仲間と、お客様の最高の笑顔を生み出すために仕事をし、幸せの輪を広げていきたいという思いにも変わりがない。だからこれまで通り、自分らしく一生懸命仕事に取り組む背中を見せることで、スタッフに良い影響を与えていければいいんだと思い直しました。会社としての意思決定は役員3人の合議の上で行うので、こうしたい、ああしたいというアイデアベースの意見を言い合える場があります。隣にいつも土屋と鈴木がいてくれて、同じ方向を向いて共に歩んでくれている。ひとりですべてを背負わなくていい、という安心感が、私という個性を活かしてくれているように思います。

人生における仕事の比重は思いのほか大きいもの。仕事が楽しければ、人生も楽しくなっていくでしょう。私自身をロールモデルとして多様な人材の在り方を認め、やりたいことをやり尽くせる会社にしていきたいですね。

土屋：これからひとつ上の成長フェーズを迎えるにあたって、新たに「世界中に〝すごい〟を見いだし、みんなとハッピーに創造する企業」というビジョンを設定しました。お客様や日本という国、または他国が持っている「すごい部分」を見いだし、際立たせて、広く普及させることによってみんなで幸せになろうというのが、私たちの事業です。今後は、この軸はぶれさせずに、よりグローバルな展開をし、世界を身近に感じてビジネスを展開していきたい。Webマーケティングや海外ツール系の事業のさらなる伸長は大前提ですが、これから生まれてくる「すごい」を世の中に届け、結果として私たちのビジョンを達成できるなら、新たな事業はインターネットでなくても構わないとさえ思っています。

メンバー一人ひとりがチャレンジを続け、それぞれの自己実現によって成長できる企業が理想です。そして、コングロマリット的な企業体へと進化する流れの中で、弊社から経営者も生み出していきたいです。甲斐の話にもあったように、理念を拠り所として集まった人材の多様性を認めるという当社の文化からすれば、社員一人ひとりの意思を重んじて多角化していくのはとても自然なこと。若い人が、二次情報に振り回されてリスクヘッジしすぎることなく、まずはトライしてから考えようと思える会社であり続けたいですね。

インタビュアーの目線

ゲームメイクの土屋さんと陣頭指揮に立つ甲斐さん。立場だけでなく性格も「静と動」というほどに異なるおふたりがお互いの仕事をリスペクトし、言葉を補い合う様子は、多様性を認める企業文化そのもの。会社存亡の危機を語る時でさえ、どこかユーモアがにじむ、いい意味での軽さと遊び心は、「柔らかな刃」となってこれからの時代を切り拓いていくのではないでしょうか。

株式会社イー・コミュニケーションズ

代表取締役

佐藤 信也

Shinya Sato

早稲田大学卒業後、株式会社リクルートコスモス（現コスモスイニシア）に入社。不動産ビジネスに7年間従事した後、多店舗展開型飲食事業を友人と共に経営。その後、インターネットの黎明期にセキュリティ分野でITコンサルタントとして活躍。活動範囲を教育分野にシフトし、資格検定のIT化を推進することをミッションに2000年、株式会社イー・コミュニケーションズ設立。同社代表取締役就任。2003年にComputer Based Testingのプラットフォーム開発に成功し、多くの検定や社内資格試験をWebで提供する。著書に『社長の思いが伝わる『ビジョン検定』のすすめ』（共著：日本能率協会マネジメントセンター出版）。

CONTACT

東京都港区六本木2-4-5 六本木Dスクエアビル9F（旧興和六本木ビル）
http://www.e-coms.co.jp/

成長企業で頑張れば、たとえ普通の人だってぐっと大きく成長できる

テストは人生を左右する物差し

この本を読んでいるみなさんは、学校や就職試験などで、たくさんのテスト・試験を受けてきたことと思います。そして、テストなんてうんざり、あまり好きじゃないという人も多いのではないでしょうか。

ですが、もしダイエットをしようとしたときに、まず何を用意しますか？　一般的には体重計やメジャーを用意するはずです。それらがなければ、現在の体重や変化がわからず、目標も立てられないからです。では、人の能力を測定しようとする場合にはどうしたらいいでしょうか。体重計やメジャーなどと同じ役目を果たす能力測定ツール、すなわちテストが必要になるわけです。

ところで、昨今はさまざまな分野でＩＴ化が進んでいますが、日本の教育分野、特にテストのＩＴ化は遅れていて、小中高大学の試験をはじめ、適性検査や昇進試験、能力系の検定、資格試験など、あらゆるテストの約95％が紙ベース（＋面接）というアナログなシステムを採用しています。

ここで問題になるのは、それらのテストの内容が本当に正しく人の能力を測ることができるのかということ。１問ずつの適正度やトータルで見た場合の適正度、紙ベースでは測れない能力の測定や面接の客観性など紙ベーステストの問題は少なくありません。

テストは、進学や昇進、資格取得など、いわば人生を左右する場面で用いられるもの。だからこそ、問題の適正度や誰もが納得できる客観性を追求しなければなりません。こうした数々の問題をクリアするものとして注目を浴びているのがＣＢＴ（Computer based Testing）です。昨今では、適性テストなどで利用したことがある人も多いでしょう。当社は「教育×ＩＴ」を掲げ、そのＣＢＴシステムの開発やテスト内容の設計、システムの運用に特化した事業を手掛ける、日本では唯一の企業です。

こんなふうにテストについて語った上で当社の事業内容を聞くと、私が昔から教育業界を志していたように思われるかもしれませんが、違います。面白いことを求めて働くうちに「ＩＴ」「教育」に出会っただけで、私のキャリアは、実は不動産業から始まりました。

普通の自分がすごい人を凌ぐには？

ごく一般的な中流家庭で、ごく普通に育った私は、当時勢いがあったマスコミや広告代理店系の会社に勤めたいという軽い動機で就職活動をしていました。そこで出会ったのがリクルートです。インターンとして同社でアルバイトをするうち、彼らの意識の高さに感化されるとともに、創業者である江副浩正氏の「自ら機会を創り出し、機会によって自らを変えよ」という言葉に心酔しました。

時代はバブル真っただ中。不動産業も非常に脚光を浴びていて、リクルートでも、本体より先に不動産業を手掛けるグループ企業・リクルートコスモス（現コスモスイニシア）を上場させようという機運が高まっていた頃のことです。こんなに勢いのある会社で働ければ、自分も絶対に伸びていけると憧れ、リクルートコスモスへの入社を決めました。

ところが、入社後に配属されたのは賃貸事業部。会社のメイン事業はマンション分譲や都市開発でしたから、最初は日陰の部署だなあと感じたものです。でも、それは間違いでした。当時の上司の言葉を借りると、「賃貸は、経営のすべてが学べる事業」だったのです。

分譲や開発事業では、建物を造って売ったらその仕事は終わりですが、賃貸事業の場合は、資産を持って貸し出して、きちんと利回りを出しながら長期サイクルで運用していかなければなりません。上司には、「社会人として最初にそういうことを学んだという経験は、必ず財産になる」と言われました。

経営者になった今なら、その言葉の意味がよくわかります。当社の事業も、サーバーやシステムを貸し出して運営するという、まさに賃貸事業と同じビジネスモデルをとっているからです。さらに同社では、「成長企業でなら、普通の人間でも愚直に努力することで通常よりも大きく成長できる」ということも学びました。

というのも、私の同期には、みなさんも知っているような、今をときめく企業を立ち上げた社長たちが揃っていて、当時から目立っていました。一方の私は達成意欲こそ強いものの、そんなに目立つタイプではなかったのです。

その代わり、上司に教わった通りに現場主義を貫き、モデルルームには朝一番に行ってパートナー会社の現場の方たちと一緒に掃除をしたり、こまめに連絡を取るなどの小さな努力を愚直に積み重ねていきました。こうして信頼関係を築き、彼らに頑張ってもらうことで自分の売り上げを上げていくという仕組みを作り上げた結果…普通の私が、すごいメンバーを抑え、最優秀営業マン賞などの好成績を収めることができたのです。

上司やライバル、付き合う人全てに恵まれたからこその成長でした。こうして多くの学びを得た後、「自分で機会を創り出す」ことを決意。30歳を目前に独立しました。

「教育×IT」に出会うまで

最初に手掛けたのは飲食店です。幸いにも共同経営者に恵まれ、都内3ヵ所で中華料理のファストフード店を始めました。経営は順調でしたが、1年半ほどたった頃、やりたいのはこれじゃないと思いはじめ、全く違う分野に挑戦すべく、経営を抜けることにしたのです。

次に手掛けたのは、貿易。前のお店で働いてくれていた中国人スタッフのお兄さんが日中貿易をやりたがっていると聞いたのがきっかけです。すぐに北京に飛び、1ヵ月ほど視察した後、そのお兄さんと組んで貿易事業を始めました。しかし、この事業でも、スケール感や発展性を感じることができず、そのことを共同経営者に相談してみたのです。

そこで紹介されたのが、彼の友人が日本で立ち上げたインターネットのセキュリティシステム会社でした。スタッフの全員が中国人かつ技術者だったため、日本語で平易にシステムを紹介し、売り込める日本人営業マンを探していたのです。

Windows95が登場し、メールやインターネットはまだこれからというときに、すでにセキュリティシステムを開発しているということに先見性を感じ、早々に入社。無知だったＩＴ技術を必死で勉強し、売り込みや製品リリースの配信、記者発表会の対応などに励む一方で、セキュリティシステムのセミナーも開くようになったのです。

その後、フリーの営業代行・ＩＴコンサルタントとして独立。この会社も含めて５社ほどと契約しました。そして、セキュリティセミナーが、当時のＴＯＥＩＣトップの目に留まったことで、私は「ＩＴ」に続いて「教育・テスト」と出会うことになります。

仕事そのものを自己実現の場に

当時、ＴＯＥＩＣは、申し込み手続きなどをＩＴ化したいという意向から、個人情報の漏洩を防ぐセキュリティシステムに関心を持っていました。そのタイミングで私たちがシステムの提案をした結果、大型検定試験のインターネットによる受付決済システムの開発に日本で初めて成功することになったのです。

そして２０００年、インターネットの急速な普及を背景に、当社の設立に至ります。一人では受注できる仕事量に限界があったからです。また、ＴＯＥＩＣから最先端の統計学を駆使したテスト設計や人の能力を測るということの意義深さを学び、テストとＩＴ技術の親和性にも気づかされたことで、ビジネスチャンスを見いだしたこともありました。

早いもので当社設立から16年が経ちますが、道のりは平坦ではありませんでした。特に厳しかったのは、コンプライアンスの徹底を目的に、ＴＯＥＩＣのシステムが内製化されたこと。実に取引の3分の1がなくなりました。しかし、それは、新たな方向性を模索し、事業の幅を広げるきっかけにもなったのです。ピンチはチャンス。社員が一丸となって頑張ったことで、上場も目指せる組織に生まれ変われました。

昨年ぐらいからは、エドテック(Education×Technology)などの言葉が聞かれ始め、文部科学省も、２０２０年以降に始まる大学入試の新テストにコンピューターテストの導入を検討していると発表しました。ついに、教育業界にもＩＴ化の波が来ようとしているのです。今は、その大きな波にいかに乗るかという、楽しい準備を進めているところです。

自己実現を叶えたい人は多いでしょう。それなら、人生の多くを占める仕事自体が自己実現の場になればいいと思いませんか？　そして、人よりも早く成長したいなら、会社の規模にかかわらず、変化と成長を続ける「ベンチャー精神」を持った企業を選ぶべきです。

社会の変化が目まぐるしい昨今、会社も人も現状を維持しているだけでは、やりたいことも魅力的な仕事も実現できません。みなさんには、最終的に何がしたいか、どういう自分になりたいかというゴールをイメージしながら、成長できると思った仕事に思い切って取り組み、自己実現の場を広げていってほしいと思います。

仕事は社会貢献の場でもあります。私たちのケースで言えば、ＩＴを使って、次世代の子供たちの教育や、ビジネスパーソンの成長支援に取り組むことで、日本のみならず世界中の人々に貢献しているという、社会的責任と自負を持てるわけです。

ＩＴ化がこれから本格化する成長分野であるうえに、一生涯かけて追求できる教育というフィールドにおいて世界中で働けることは、私たちにとって何にも替えがたい喜びなのです。

人生は選択の連続です。より良い選択をされることで、みなさんの人生がより充実したものになることを願ってやみません。

インタビュアーの目線

輝かしい実績や精力的に活躍の場を移す様子から、非常にアグレッシブな印象を受ける佐藤さんですが、実際は物腰柔らかな紳士です。周りを巻き込みながら「現場でみんなと一緒に頑張る」というポリシーにもうなずける、ボトムアップ型のボスなのでしょう。最近は趣味でピアノを始め、辛い練習を乗り越えてサントリーホールの舞台に立つなど、仕事以外にも自己実現の場を広げているそうです。

株式会社バーディグループ

代表取締役

中川 雅也

Masaya Nakagawa

1997年、WEBプロデューサーとして個人創業後、1999年、株式会社ファインダー設立、代表取締役に就任。2004年、ビットアイル(現ビットアイル・エクイニクス)株式会社 常務取締役就任。2004年、株式会社dual&Co. 設立、代表取締役に就任(現任)。2005年、株式会社コネクトテクノロジーズと資本・業務提携。株式会社インクルーズ 代表取締役就任。2008年3月、同職を辞任。2008年9月、株式会社バーディグループ代表取締役就任、株式会社バーディモバイル代表取締役就任。

CONTACT

東京都渋谷区渋谷4-2-12 渋谷四丁目ビル2F
http://www.birdiegroup.co.jp

どんなことでもいいから「夢」を持て
夢なき者に成功はない

思い描いた夢に向かって、努力を怠らないことが大切

「みなさん、夢を持っていますか？」

なぜ、こんなことを聞くのかというと、夢はすべての源になると考えているからです。吉田松陰の名言にもあるように、何らかの夢があれば理想が生まれ、理想があれば、なんとかそこに近づこうとして計画を立てたり、その計画を実行に移したりするようになります。そして、その工程が実を結んだ先に成功があるというわけです。

私自身もいつも夢を思い描き、どうすればその状態に近づけるのかを考えて行動を起こしてきました。納得できないことは絶対に譲らないし、自分がやりたいこと、望ましい状態に近づくための努力も怠ったことがありません。

ただし、夢がある程度実現してしまうと、次の新しいことへと興味が向かってしまうので、極めるところまで行かず、後で悔しい思いをしたこともあります。それでも、失敗や後悔を糧にしながら新しい夢を抱くことを繰り返して今に至っています。だからこそ、みなさんにも夢を持ってほしいと思うのです。

大学に入学すると、当時大流行していたディスコにも出かけたりして、そこで大手広告代理店に勤めているような社会人と知り合ったりもしました。大学の友人たちがサークルの立ち上げや部活動に熱中しているのを尻目に、私は人脈を活かして簡単なビジネスを始めました。たとえば、イベントをやろうとしているサークルがあれば、前述した知り合いがいる広告代理店を通して、通常よりも安い単価で人気の会場を押さえ、手数料をもらうなどといった具合ですね。

ただ、こうしたビジネスや学校外での遊びに明け暮れたおかげで、卒業のための単位はギリギリでした。お金も稼げていたし、もう1年だけ大学生をやって、ゆっくり先のことでも考えようかと思っていた矢先、私に一回目の転機が訪れました。

それは阪神・淡路大震災です。被災地の中心部にある実家に住んでいた私は、そこで被災しました。地震直後、飛び起きてきた両親と家の外に出た途端、轟音を立てて天井が落ち、我が家は全倒壊してしまいました。この時「生かされた」と思ったことを今も鮮明に覚えています。

そして、これも天命と考え本腰を入れて勉強を始め、留年することなく卒業しました。

30歳で年商35億円──あまりに早過ぎた成功

就職は、法人をメインの取引先とする大手不動産会社に入社しました。ちなみに不動産業を選んだのは、当時としては珍しく、実力主義の報酬形態を採っていたからです。

こうして働くうちに、世間ではＩＴが台頭し、インターネットが普及し始めます。とはいえ当時はまだ黎明期。ＩＴやインターネットの技術者はいても、開発チームの取りまとめやプロジェクトの進行管理も含めたマネジメントを行う職業そのものがなかったのです。

そこにチャンスを見いだした私は、24歳でインターネット関連の会社へ転職したのですが、上司の仕事のやり方に疑問を持ち、知人からの助言もあって独立しました。そこでフリーのプロデューサーとして、さまざまな企業のウェブサービス開発に携わるようになりました。ニーズは思った以上で、受注案件も右肩上がりに増加。ついに一人では対応しきれなくなり、１９９９年、25歳で最初の会社を設立しました。

設立当初は、受託事業をメインにしていましたが、このやり方では仕事に追われて常に忙しく、クライアントの厳しい注文にも従わざるを得ません。このままでは疲弊するだけだと思い、ビジネスモデルを転換させたいと考えるようになりました。そこで、3年間の資金を元手に「ガラケー」向けの広告媒体、今でいうアドテクのサービスを企画・開発。モバイル広告事業をスタートさせたのです。当時、競合他社は1社のみ。最初の1年こそ苦戦したものの、瞬く間に高い広告効果を誇る媒体に成長しました。

最盛期の売上は35億円。、媒体の性質上、簡単に売上が落ちることもありませんでした。毎月数千万円単位の収入があり超高級外車を所有し、贅沢もしました。

その頃は会社の規模をとにかく大きくすることだけを考えていましたし、実際、最終的には300名の社員を抱えるほどになりました。けれども、組織は一体感もなく、自分が思い描いていた理想からは程遠い状態でした。

しかし、弱冠30歳で「成功」を手に入れたこと、それだけで私は満足し、ある意味で燃え尽きてしまったのです。というのも私は元々、起業を志していたわけではなく、いってみれば成り行きで起業したので、志や理念が希薄でした。もし、きちんとそういったものを当時持っていれば、私が散財したお金の一部でもシステムや人材、M&Aなどの投資に回していたことでしょう。実際、私たちの媒体に陰りが見え始めたころ、後発の同業他社は、より先見性の高いビジネスモデルを開発し、ほどなく上場を果たしました。とても悔しいですが、冷静に考えれば当たり前のことですね。

その時点ではまだしっかりとした軸になるような会社経営の信念を持ち合わせていなかった私は、会社を売却できるということを知り、データセンター運営のベンチャー企業ビットアイル株式会社の傘下に入ることを決めました。そこでは同社の常務取締役に就任したのですが、これが、私の第二の転機となります。今、振り返ってみると30歳という年齢での成功は、自分にとってはあまりにも早かったと思っています。

失敗から真摯に学んで、理想的な企業文化の構築を夢見る

自分の裁量で意思決定するというベンチャーマインドを貫いてきた私にとって、上意下達がしっかりした管理型組織の同社は非常に新鮮でした。自分ひとりの考えで決裁できることは少なく、目上の役員の意向を聞いたり、多くの部署を跨ぐ社内調整に苦心したりしました。おかしな言い方かもしれませんが、そこで初めて社会の厳しさを知り、本当の意味で、企業人としての経験を積ませてもらえたと思っています。しかし常務取締役という立場上、周りからは「何もしないでください」と懇願されるので、身動きがとれない状況が続き、持ち前の「戦闘力」も発揮できずに、ストレスだけが溜まっていったのです。い

わば「無力化」されてしまった私は、このままではダメだと自分で結論を出し、再度、別の上場企業に事業売却して、その子会社社長に就任しました。

それからしばらくして、法律改正に端を発する売り上げの壊滅的な減少で、数年にわたり大幅に業績が悪化した時期があり、それが折悪しく、新卒採用を強化した時期と重なってしまったのです。一致団結して業績改善の対策を取るべき時に、新人への教育体制も整わないのに、人はどんどん増えていく。当然、社員はバラバラになります。うまくいっていないとわかっていながら、有効な対策も打てないまま時間がたち、社内の雰囲気は悪くなる一方でした。そして就任から4年目の2008年3月に、私は辞任しました。

時間が自由になった私は、何が悪かったのか、どうすれば良かったのかと振り返りながら、深く反省しました。そこで行き着いたのが企業文化というものの重要さです。企業文化がしっかりしていれば、困難に立ち向かえると考えたのです。そこから本を読み漁り、セミナーに出かけ、コンサルタントに直接話を聞くなどして企業文化を構築するためのマネジメントの勉強を始めました。

そして、同年9月には一緒に仕事をしたいと申し出てくれた昔からの仲間15人で、バーディグループの前身にあたる会社を創業。ゼロからのスタートでしたが、今ではＩＴ事業をメインにアパレル事業や不動産事業など、幅広く事業を展開しています。

当社がよく驚かれるのは、業績の高い伸び率と離職率の低さなのですが、それを支えているのが成長支援という仕組みを持ったマネジメントです。もちろん、最初からうまくいったわけではなく、7年前から試行錯誤を繰り返して、4年くらい前から成長ツールとして確信を持てるようになってきました。

たとえば、最初から残業を想定しないスケジュールを立てているので自分のペースで効率的に働けて、成長するためのプロセスがわかり、その成長に応じてフェアに給与が増えていきます。成長できるだけの仕組みとノウハウがある環境だからこそ離職率は低く、業績も上がり続けているわけです。これは、10年前の失敗から真摯に学び、理想的な企業文化の構築という夢を追い求めてきたからこそ、実現したと考えています。

成長を追求して、挑戦する人を創ることがビジョン

今後の会社のビジョンは、一言で表現するなら「成長を追求し、挑戦する人を創る」ということです。当社を創業するまでは、企業は規模や売り上げを追いかけることが最も大切だと考えていたのですが、それを「人の成長こそすべてである」と完全に切り替えました。ですから、会社云々というよりは、むしろ個人にフォーカスしていきたいと常に考え

ています。会社を動かすのは結局、それぞれの個人の力量次第なのですから。当社は、ベンチャー企業なので、そこで働く人にも挑戦して欲しいのです。そのために快適に頑張れる仕組みを作っているわけです。私自身も何度も挑戦し、何度も挫折しながらも何とか頑張っているので、新しい人にもそれを味わって欲しいと思います。

夢を思い描く人は、たとえ失敗しても、いつか必ずその人なりに成功できます。もう一度、問いかけてみて欲しいのです。「自分は、夢を持っているのか?」と。

インタビュアーの目線

自らのラッキーナンバーは「5」と定め、車も携帯電話も「5」の番号にこだわっていると笑う中川さん。将来の夢は、55歳の節目にプロのポーカープレーヤーへ転身し、世界中のトーナメントに出場することだと語ってくれました。しかしその真意は、それまでに会社を牽引する後進を育て、時が来れば潔く一線を退こうという、創業経営者としての美学にあるのではないでしょうか。

株式会社GeeeN【ゲン】

代表取締役社長（CEO）

鈴木 章裕

Akihiro Suzuki

1969年、大阪府生まれ。甲南大学法学部を卒業後、広告代理店の営業部長を経て、2000年にインターネット広告を手掛けるアイブリッジ株式会社へ入社、2005年7月、代表取締役に就任。2007年9月、4つの会社を束ねるグループ会社へと成長した同社の社長を辞し、株式会社コミクスを設立し、代表取締役社長に就任。その後、株式会社GeeeNをコミクスの子会社として設立し、代表取締役社長を兼任し、現在に至る。趣味はマラソン。座右の銘は「どんな困難な道も〝できる〟と決めることから全てが始まる。〝やる〟と自分で決めたことは必ずできるまでやる」。

CONTACT

東京都渋谷区円山町15-4 K2（近藤ビル）2F・6F
http://www.geeen.co.jp/

逆境の先に未来はある。できると信じて、諦めずに進み続けてほしい

理不尽な日々の中からつかみとった「知識と経験」

独立志向のなかった私が起業する原動力となったのは、新卒1年目で入社した広告代理店と、創業メンバーとして参画したインターネット広告会社での経験です。

1社目は今でいえば完全なブラック企業で、想像を絶する劣悪な待遇でした。新入社員としての最初の仕事は、消費者金融でお金を借りてオーダースーツ5着とロレックスを買うこと(笑)。お客様の前で恥ずかしくない格好をするためと言われましたが、要は借金で逃げ道を塞がれたわけです。営業成績上げて、インセンティブを稼がないと借金が増え続け破産する、というまさに私の世代で言うと漫画タイガーマスクの虎の穴のようなブラック企業でした。理不尽な仕打ちも多く、精神的にも肉体的にも、あれほど追い込まれた

経験はありません。

それでも、日々の仕事に必死に取り組むうちに、私は「広告のノウハウ」を体で覚えていきました。お客様が抱える問題を解決するために知恵を絞り、ありものではなくオリジナルを提案する。そういう広告の仕事そのものにとても魅力を感じ、「どうすれば自分で作った広告が世の中に広まるか」「どうすればお客様を喜ばせることができるか」を常に考え、ものづくりをするのが面白くてたまらなくなりました。

結果が出なければ容赦ない叱責が待っていましたが、それでも夢中になって仕事を続け、3年目にはその会社で過去最高の成績を記録。5年勤めて転職を決めたときには、多くの部下を指導する立場になっていました。退職した私の手には、お客様の未払金を肩代わりした600万円近い借金と、どんな逆境にもめげない精神力、そして効果のある広告をつくって提案する力が残っていたのです(笑)。

退職後は定職につかず、放浪の旅へ。1年間何もせずにいたところ、当時付き合っていた今の妻に諭され、仕事を探しはじめました。不条理な借金も清算して心機一転、転職活動に打ち込む中で、ふと目に留まったのが「ハコはあるけど中身はまだ何もないIT企業を創りました」という求人コピー。なぜか心を動かされて、新会社の求人に応募し、採用されました。

この会社で創ってきたサービスは、クリック課金型バナー広告のアドネットワークからオプトインメールまで、あらゆる形態の「インターネット広告」でした。入社当初は社員数10名にも満たない小規模な組織でしたが、時代も良く、私も普通に働ける喜びから楽しく自主的に仕事し、その結果、1期目から1億円以上の営業利益を出す会社を創ることができました。このときは本当に楽しかったですね。営業部の課長からスタートし、最終的にはグループ4社の代表取締役社長も任されることになって、ずっとうまくいくと信じていました。

ところが、私を拾ってくれたオーナーが突然亡くなり、そのご子息に代替わりしてから歯車が狂い始めて業績も悪化。ずっと我慢しながら経営を続ける中、オーナー一族のエゴだけで社員に示しがつかない決断をしなければならない機会が重なり、「このままでは人として駄目になってしまう」という思いが頭をよぎりました。

「これまでに得たマーケティング経験とインターネット広告の知識を足掛かりとして、やりたいことをやる会社を興そう」。ゼロから成長に関わった企業グループ4社の代表の座を捨てて、起業家として歩き出した瞬間でした。起業当時、2歳の長男、1歳の長女、妻のおなかの中には後に次男となる赤ちゃんがいましたので不退転の覚悟での起業でした。

どこにでもある中途半端なサービスはいらない

インターネット広告の代理店 株式会社コミクスを立ち上げたのは2007年9月のこと。株式会社GeeeNはその6年後、消費者ニーズに合った広告配信により費用対効果を最大化するアドプラットフォームとウェブ経由の費用対効果を高めるアドテクツールを提供する会社としてスピンアウトしました。

今、GeeeNでは、大きく分けて2つの事業を軸に事業展開しています。ひとつは、ディスプレイ広告の統合配信プラットフォーム。GoogleのDouble Click Ad Exchangeなど、提携先のディスプレイ広告を統合的に運用・管理し、精密なターゲティング機能で費用対効果を向上させます。

もうひとつが、入力フォームの様々な離脱原因を解明して対策を施し、最終的にコンバージョンの最大化を図るツールであるEFO CUBEです。こちらは業界シェア3位（導入サイト数1700サイト以上）につけており、業績を牽引する役割を果たしています。

競合他社と比較したときの強みは、何といっても費用が安く、かつ機能が充実しているという点。特にYahoo! ID連携やFacebook ID連携などは業界初で導入した機能であり、そのインパクトもあり、サービス業から卸売業、人材派遣業、不動産業まで様々な業種の大手企業に導入され、導入後の改善率も非常に高いと評価していただいています。

サービスの原理原則は、まだ存在していないものも含め、世の中に必要なものを提供すること。目まぐるしく変化するインターネット産業の行く末は誰にもわかりません。しかしそれは、裏を返せば自分たちの手で時代を創ることができるということ。ニーズがあると思ったら、ゼロからサービスを生み出してでも「必要なもの」を提供していく。どこにでもある中途半端なサービスはいらないのです。

誰かのために働ける人を採用したい

起業した当初、私は「一人ひとりのベクトルはばらばらでも、優秀な人材が集まれば良い会社になる」と思っていました。

しかし、2年前の6月に、当時の幹部社員2名に裏切られ、会社が倒産しかけた末、全社一丸となった努力によって業績が回復するという経験を経て、考えが180度変わりました。それからは能力重視の採用方針から、「他人のために働ける人」であることを重視した人間力重視の採用活動に方針転換しました。今では採用方針と社風が合致し、前年度の新卒採用者も誰ひとり欠けることなく頑張っています。

その頑張りに報いたいと、一人ひとりとじっくり話をする合宿などの取り組みを増やしたほか、福利厚生も少しずつ充実させてきました。自分の誕生日はもちろん、伴侶の誕生日やお子様の誕生日にも休暇を取得できる制度は、自分が何のために、誰のために働いているかを見つめ直し、最も身近にいる家族のために十分な時間を使ってほしいという思いから生まれたもの。私たちの採用基準と最も深いつながりのある制度だと言えるでしょう。

社内イベントも頻繁に開催して社員同士のつながりを深めています。ただし、参加は決して強制しないようには気を付けています。体育会系から職人気質まで様々なタイプの社員がいるので、イベントが好きな人も苦手な人もいるのが当たり前。周囲の雰囲気に無理に合わせるのではなく、それぞれが自分の好きなこと、得意なことに自信を持って、安心して過ごせる場所を確立してほしいと思っています。バスケットボールが好きだという社員たちとは体育館を借りて練習を楽しみ、カードゲームが得意な社員とはゲームの話で盛り上がる。私を筆頭に、社員同士もお互いの個性に合わせたコミュニケーションで円滑な関係を築いています。

逆境を乗り越えれば、必ず道は開ける

これからの数年は急速に高齢化が進み、団塊ジュニア世代が賃金水準のピークと管理職の昇進年齢を迎えて、人件費の増加とポスト不足、そして若年層へのしわ寄せと、企業に大きなダメージを与えかねない局面が次々に訪れるでしょう。特に大手企業は雇用や昇進の方法、賃金体系を抜本的に見直す必要があるかもしれず、様々な決断を迫られる苦しい時期が来ると予想されています。

当社としては、この「2020年問題」が起こる前にグローバル化を成し遂げ、ビジネスモデルを抜本的に見直して、高齢化に対応し得る収益構造を確立したい。そのためには、無駄な商慣習をできる限り排除した上で、オリジナリティのあるコアサービスをいくつ作れるかが目下の課題です。

まずは、現在もサービスの軸であるエントリーフォームの最適化ツールをさらにブラッシュアップすること。顧客データを一元的に格納・管理するプラットフォームを精査し、価値ある情報を数多く把握すること。この2つをクリアしつつ、自社にしかできないサービスを模索して形にしていきたいですね。

世の中を今より便利にするツールを作り、新しい時代を創りたい。たとえ壮大な目標でも、できると思えば何でもできるのです。できると思わないからできない。諦めずに進み続けていれば、道はいつか拓けるでしょう。

私も、1社目で働くことを諦めていたら、今日はありませんでした。仕事には苦労がつきものですが、人類に価値を残せるのもまた仕事です。若い人には、逆境にめげることなく、夢の実現を信じて歩き続けてほしいと思います。

インタビュアーの目線

ワハハ…と絶えず豪快に笑いながら、自身の半生を振り返りながら、未来への展望を語ってくれた鈴木さん。「できると思えば何でもできる」という言葉は、笑い話にするにはあまりに重い1社目の経験をはじめ、いくつもの壁を乗り越えてきた人の口から発せられるからこその説得力がありました。壮大に思える目標も「めげない、諦めない」精神で着実に達成へと導いていくことでしょう。

アイウェイズコンサルティング株式会社

代表取締役社長

遠山 功

Isao Tooyama

1977年生まれ、東京都出身。高校時代から多数のプログラミング言語を修得。さまざまなプログラム開発も手掛ける。2000年に東京電機大学を卒業後、システム開発会社に入社。その後、CRM・データベースマーケティングを支援する会社でマネジメントを経験。2005年にアイウェイズ株式会社（現アイウェイズコンサルティング株式会社）を設立し、代表取締役社長に就任。ITコーディネータ（経済産業省推進資格）、PMP（米国プロジェクトマネジメント協会認定）、ITIL（英国政府機関認定）などの資格を持つ。2013年度より東京電機大学非常勤講師を務める。

CONTACT

東京都新宿区西新宿1-26-2 新宿野村ビル23F
http://www.i-ways.co.jp/

会社も個人も、個性が大切。「自分らしさ」を信じて夢をつかみ取ろう

技術だけでなく、個性や人間力を引き出したい

当社は社員の7割以上がエンジニアという技術者集団です。エンジニアは職人気質の人が多く、自分の技術力を生かせるものづくりが好き。黙々と仕事に取り組んで成果を出すのが得意である一方、集団の中で自分の色を出すのが苦手な傾向にあります。日本人はどうしても他者と違うことをすることに抵抗があり、標準化に走りがちですが、自分自身の強みを生かしていくためには「個」の力が欠かせません。エンジニアといえば技術力、という昔ながらの伝統とも言える部分を変わらず大切にしながらも、一人ひとりの個性や人間力を伸ばせる環境づくりをしていくことが、現在の当社には必要であると考えています。

こうした考えの源には、プログラマ出身という私自身の経歴があります。高校で情報学科に進み、プログラミング漬けの毎日を過ごしました。高校を卒業する頃には10種類ほどのコンピュータ言語を使えるようになり、パソコンゲームを作るのに熱中。大学は数理学科に進んで、得意だった数学とプログラミングの理解を深めていきました。

このころは、「自分の会社を作りたい」という目標が明確になった時期でもあります。小さいときはみんな、「パイロットになりたい」とか「サッカー選手になりたい」という夢を持っていますよね。私は幼いころに見たドラマの影響で、漠然と「社長になりたい」と思い続けていました。

一方で、教師であり税理士でもあった父のあとを継ぐべきではないかと心のどこかで思ってもいたんです。特に兄が教師の道に進んでからは、自分には税理士が残されたと感じて、簿記の勉強もしていました。

しかし、やはり私の個性や適性とは違っていたのでしょう。畑違いという感覚が抜けず、原点である「社長」という夢に立ち戻ることになりました。経営者としては異色である「プログラマ出身」という経歴も、私の個性のひとつ。「自分らしさ」を信じて夢をつかみ取った自分の経験に照らして、社員たちには自分の弱みを潰すことより強みにフォーカスすることに力を入れてほしいと思っています。

「個」を伸ばすための具体的な施策として、社内にはフリーアドレス制を取り入れています。エンジニアはつながりを求める習性があり、ひとつの環境に慣れ親しんでしまうと、変化があったときに柔軟な対応ができなくなってしまいます。席を定めず、あえて「個」を意識させることで、どのチームでも同じパフォーマンスを発揮してもらえるようにしました。

さらに、「ETP＝エンジニアタレントプログラム」という制度を導入。エンジニアは一人ひとりがタレントであるとして、上下関係をなくすという取り組みです。役割によって与えられる名称は「リーダー」と「メンバー」「トレーナー」のみで、階層は存在しません。一見すると自由で楽なようですが、エンジニアのアイデンティティの確立、人間力の伸長を目的とした自由なので、自立性や自発性のある「個として成長したい人」でなければ残っていけないという厳しさもあります。

〝ワクワク〟と〝ふむふむ〟でお客様に貢献する

さて、「プログラマ出身の社長」と聞いて、どのように会社を経営していくか想像がつくという人がどれだけいるでしょうか。どちらかと言えば、技術の専門職として、会社を支えていく裏方的な役割のほうが働く姿をイメージしやすいと思います。

実際、経験談を聞こうと高校時代、大学時代の仲間や先輩を当たっても、経営者になった人はいませんでした。もちろん、私も経営の知識など一切なく、起業を志してはみたもののまさに五里霧中。そこで、まずは就職をして経験を積んでからフリーランスになり、ひとりで事業をスタートさせました。

法人化してから5年ほどは、後輩や友人・知人数名と地道にやっていましたね。技術力には自信がある人間の集まりなので、お客様からご要望があればたいていのことは実現できます。私が2社目でビッグデータを扱っていたので、世間で話題になるかなり前からビジネスとして展開できていたのも他社にない特徴でした。

反面、営業が不得手な仲間ばかりですから、基本的なスタイルは「待ち」。依頼があればお客様の想定以上の技術で応えられるものの、お客様への働きかけは一切できていませんでした。業績をさらに向上させていくためには営業力の強化が欠かせないと、営業手腕に定評がある人物を取締役に迎えたのは最近のことです。「自分たちで仕事を取りに行く」という会社としてあるべき形が確立され、「頼まれたものをどう作るか」から「自分たちの強みをどうアピールしていくか」へと考え方も変わってきました。

私たちの強みは、企業が保有するデータを事業にどう生かすかというビジネスインテリジェンス（ＢＩ）分野に早くから着眼してビジネスを展開してきたこと。そして、分析したデータから新たな仕掛けを作り出せる技術力と、企業のニーズに合わせて適切な対策やシステム構築を提案できる力です。

そこで、「世の中にあるデータを使って何ができるかという可能性をシステムの力で可視化し、お客様の挑戦に貢献する」というソリューションのゴールを定め、迅速な意思決定のための情報分析システムを構築する「ＢＩサイエンス」、分析したデータを顧客ごとに最適化したシステムとして提供する「Ｗｅｂシステム開発」、開発力に限定せず問題解決を図る「ＩＴコンサルティング」という3つの領域でビジネスを展開することにしました。

企業が持つ情報を適切に分析・加工・発信してお客様の多様なニーズに応えていくという信念は、どの事業にも共通しています。

当社ではプロジェクトへの参加も社員の意思に委ねています。手を挙げた社員に責任ある仕事を任せ、プロジェクトごとにチームを作っていく。プロ意識が高くハイレベルな技術を持った社員ばかりですし、自らの意思でプロジェクトに参加するわけですから、当社のものづくりの現場は「ワクワク」に満ちています。大切なのは、「ワクワクの理由」を自分に問い、納得できる理由を見つけること。当社の企業文化である〝ワクワク〟し〝ふむふむ〟するという好循環の繰り返しこそ、お客様の挑戦に貢献するというゴールへの近道なのです。

立ち位置はあくまでも「エンジニア」

こうした文化やビジョンを社員と共有し、同じ目線に立ってお客様の満足度を高めていくためには、教育制度の充実が不可欠です。私は研修のような「教える場」をたくさん設けることが教育だとは思いません。「教えなくても自分で学んで伸びる環境の提供こそ教育である」というのが持論。いつの間にか学ぶ力が身に付き、自然と知識を吸収できる環境を整えることが真の教育だと考えています。

社内には知識の交換ができる社内ポータル、教えを請いたい人のそばに自由に座れる雰囲気づくりなど、小さな仕掛けがいっぱい。私も良いと思ったことは積極的に発信し、社員の士気高揚を図るとともに学ぶ意欲を刺激しています。

例えば、「今日のこんな提案がよかった」「誰々のプレゼンがよかった」というような感想が社員間でシェアされれば、関わった本人は自分の仕事に自信が持てます。すると自然に、さらに良い仕事をしよう、そのために知識を増やそうという考えにつながっていくでしょう。「１００年企業」を目指して、社員一人ひとりの成長を促し、より強力なプロフェッショナル集団へと進化していきたいですね。

今後は、子会社をつくり、「アイウェイズグループ」として付加価値をつけたサービスを展開しながら、「１００年企業」実現への基盤を固めていく予定です。２０１６年春には自社運営のＷｅｂサービスを展開する１００パーセント子会社「デジタルシード」を設立。これを足掛かりに、いずれは子ども向けのＩＴ教育や、事情があって退職した人の就労支援など、ＢtoＣの事業に特化した子会社の設立も視野に入れています。

一方で、最近になって「ＩＰＯはしない」という決断を下しました。理由のひとつは、やはり私は技術畑出身の人間で、人前に出て弁舌さわやかにサービスを語って支持を得るよりも、技術力で勝負したいという思いが強かったから。もうひとつは、上場した結果、株主利益を優先して思うようなビジネスができなくなるのは避けたいと思ったからです。あくまでも、自分の原点であるプログラマという立ち位置から、会社が一番スムーズに機能する道を探していきたい。やはり私は、根っからの技術者なんだと思います。

技術者は集まって仕事をするもの。高稼働で精神的にも肉体的にもきつい仕事である。業界には、いまだにそんな不文律があります。

私はそこに一石を投じて、技術者のクリエイティブな側面を大切にできる会社を創りたい。社員の個性を伸ばすように、会社としても他社とは違う個性を出して、技術者が純粋に仕事を楽しめるような「ワクワク」する会社を創っていきたいですね。

インタビュアーの目線

自らの紹介に「現場が好きな」と冠するほど現場を愛する遠山さん。その愛はそのまま、社員への愛でもあります。現場の課題や悩みと真摯に向き合い、常識にとらわれない解決方法を探る。仕事に喜びを感じる瞬間を丁寧にすくい上げ、既成概念にとらわれない勤務環境をつくる。正直で真面目な人、という第一印象そのままのまっすぐさが、社員の心を惹きつけているのでしょう。

株式会社フルアウト

代表取締役

金田 和也

kazuya kaneda

1987年、兵庫県生まれ。小学生の頃からプロ野球を目指し、高校は宮崎県に野球留学するも椎間板ヘルニアによりプロ転向を断念。高校2年時に見たITベンチャーによるプロ野球チーム買収報道に感銘を受け、起業を志す。大学入学後、合計6社のベンチャー企業でのアルバイトを経て、「3年で独立する」ことを条件にITベンチャーへ新卒入社、アドテクノロジー事業の立ち上げに関わる。2013年、これまでのノウハウを生かし、新たな課題解決をするため、当初3年の予定を4ヵ月前倒し、株式会社フルアウトを設立。ビジョンは「世界のロールモデルとなる会社をつくる」。2020年までに「東南アジアと日本の架け橋になる」を目標に日々奮闘中。

CONTACT

東京都渋谷区円山町20-1 新大宗円山ビル5F
http://fullout.jp/

目の前のことを全力でやりきれば、チャンスは生まれる

プロ野球選手がムリなら球団のオーナーになりたい

起業を意識したのは高校2年の時です。兵庫から野球留学した宮崎の強豪校でプロを目指していましたが、椎間板ヘルニアを患って断念しました。それで目標を失って荒れて、先輩とケンカするなど問題を頻繁に起こすようになってしまいました。そんなある日、監督に呼ばれて「お前、いったいどうしたいんだ？」と聞かれ「やめたいです」と言ったら、「わかった、お前の人生だからやめろ」と。そう言われた瞬間、やめたくなくなりました。「止めてもらえることを期待していたんだ、甘えていただけなんだ」と気づいたんです。だから次の日からはまた平然と登校しました。

その当時、テレビで話題になっていたのが、ライブドアが近鉄バッファローズを買収す

るというニュースでした。「ベンチャー社長ってプロ野球チームが買えるんだ！　選手がムリならオーナーになるのもありだな」と真剣に考えて、大学受験のために生まれて初めて勉強を始めました。

当時の学力は、英語のアルファベットのLの先を知らないレベル。「マクドナルドは（サイズが）S．M．L．なのに、なんでLの次がMなんだろう？」と悩むくらい能天気で頭が悪すぎました（笑）。しかし起業するには経営学部に行かなくてはと、先生に「勉強を教えてください」と素直に申し出たら「お前みたいな生徒はなかなかいない」と熱心に教えていただき、最終的には英検を取得。そして東京の大学の経営学部に合格しました。

吉本のNSCに行ったらお笑い芸人の卵がいるように、「経営学部には経営者の卵がいる」そう信じ込んでいて、キャンパスを歩いていておしゃれな女の子がいれば「将来アパレルで起業するの？」、流通マーケティングを専攻していると聞けば「将来佐川急便を超えるような会社を作りたいの？」というふうに平気で聞くくらいの世間知らずでした。当たり前ですが同級生は「はっ？　お前、何言ってるの？」という感じでしたね。でも大学っていいところで「そんなこと言ってないで、一緒にサークルの歓迎会行こうよ」とか誘われて、行ってみると面白い。すぐに夢を忘れて「バイトか遊ぶか飲みに行くか」みたいな生活が続きました。

限界を知らない人間が切磋琢磨しているベンチャーって楽しい

転機は大学3年の時。リーマンショックが父親が経営していた不動産会社を直撃し、「学費をこれ以上払えない。2つ選択肢がある。やめて働くか、自分で学費を稼ぐか」と言われました。大学は楽しいのでやめたくないし、不本意に学業の道を閉ざされ、不本意な働き方をしている人たちも周りにいる中、そうなりたくないという思いもあり、何が何でも卒業しようと決め、稼げるバイトとして見つけたのが光回線の代理店でした。募集チラシには「若者よ集まれ！　実力主義」と書いてあって「19歳で子会社社長、年収1500万円」などの実例が紹介されている。写真のイメージもさわやかな男女で「こんな生ぬるそうな奴らには負けないぞ！」と自信満々で入ったら、実は本当に厳しい世界でした。

飛び込み営業なのですが、「何度も来るんじゃねえ！」と追いかけられたり、いきなり警察を呼ばれて交番に連れて行かれたりしたこともありました。月に100人くらい入社してきても、残るのは5、6人でした。早い人は初日に「ランチ行ってきまーす」と出たきり帰ってきませんでしたね(笑)。そんな状況ですから、残る人は精鋭ばかりです。中卒・高卒で「ぜってー負けねえぞ。成り上がってやる！」みたいな猛者ばかり。

仕事の後、夜渋谷で飲んでいても誰かが「今日10件受注取ったぞ」と言うと、負けず嫌いな奴が「お前何言ってんの？　まだ終わってねえよ」。いきなり街に出て女の子に声をかけるんですよ。「ナンパじゃないんだけどー、ひとり暮らし？　家に行ったりしないよ。光回線引いてる？」「引いてない」「じゃあ、やろうよ。普通に引いたらタダだけど、オレから引いたら1万円もらえるよ。やばくない？」「やばい、やばい！」とか言う女の子っているんですよ。そんな、限界を知らない人間が切磋琢磨しているベンチャーって楽しいなと思い、起業の夢が甦ってきました。1年間、この辛い仕事で学費を貯めて大学に戻ったわけですが、その時にはもう大学の友人とは話が合わなくなっていました。

地道にやっていれば道は自然と開けていく

その後はベンチャーのバイトを卒業までに全部で6社経験しました。営業は辛いので、2社目は編集で応募したら、面接で「営業やっていたんだね。実は営業も募集していて」と説得されて営業に。それで「もう営業からは逃げられないんだな」と私も開き直って、営業トークとか提案とかを考えてなりふり構わず売っていくと、配送会社や警備会社が営業先に売りたいと言い出したり、売った先からその次へと、予想だにしないところに売れていくんです。地道にやっていれば道は自然と開けることがわかりました。最後のバイト先にはすでに内定をもらっていたのですが、すでに仕事の仕組みが大企業的な会社でしたので、ITの中でも成長市場のバリバリなベンチャーに行きたいと思い「3年で独立する」という条件で、当時生き馬の目を抜く勢いのベンチャー企業に入社しました。

出社初日のことは今でも鮮明に覚えています。4月1日金曜日、いきなり朝の4時まで働いて有楽町線で始発で帰るときに、気付いたら携帯に同期からのメールが届いていて「7時から飲んでるから、終わったら集まろうよ！」。見た瞬間に「僕はもうみんなとは違う世界に来ているんだ」と天を仰ぎましたね。でも独立するという思いがあったので、もっと自分を追い込もうと、「平日は4泊5日で会社に住む」みたいに仕事をしていました。

約束通り3年で独立しました。一緒に起業した友人と2人で考えて、身銭を稼ぐためまずは広告代理業からスタートしました。私たちを買ってくれていた顧客から月500万円、広告を運用する仕事もいただき、2013年10月に起業しました。そして12月20日にその広告をスタートさせたのですが、何とその9日後にグーグルの規約変更が行われて、いきなり配信停止になってしまいました。それで仕事がなくなってしまい、そこからはひたすらテレアポ営業です。競合会社にお願いして仕事をさせてもらったり、小さい仕事を回してもらったり、いろんな会社に助けてもらって何とか食いつなぎました。お金もないので2人のそれぞれのアパートを解約し、管理人にバレないように会社に寝袋を置いて、お互い恋人の家に洗濯物を持って行く日々でした。「私はあなたの洗濯機なの⁉」なんて彼女に怒られたりもしました(笑)。先が見えるまでの1年間は大変でしたね。

IT企業でも、あえて人間臭を出す

当社で展開しているのはアドテクと呼ばれるインターネット広告事業です。内容は大きく2つに分かれていて、メインはDSPという広告主の広告効果最大化を支援するプラットフォーム。単にメディアに広告を出すのではなく、ユーザーのスマホやPCの動きを分析した上で、商品やサービスに興味のある〝人〟に向けて広告を出す仕組みです。

たとえばサプリの広告であれば、サプリのサイトを見ている人は当然ですが、「スポーツ系のサイトを見ているから健康に興味があるかもしれない」というように、そういった関連性を分析し、検索画面の「ピクチャー」と呼ばれるバナー広告に表示していきます。

もうひとつはトレーディングディスク事業という、インターネット広告の運用代行です。アドテクは大きくDSPとクリック課金型のアドネットワークの2つに分かれます。私の前職がアドネットワークの会社でしたので、当社には両方の運用ノウハウがあります。それを武器に代理店やクライアントの運用を代行しています。

また、顧客から選ばれるための努力も常に意識しています。アドテク会社は数字が勝負なので、会社によっては人情味に欠ける部分もあります。当社は〝人間臭く〟といいますか、代理店向けに専用の媒体資料を作ったり、担当者を付けて、情報さえいただければすべての案件をやらせていただくことを心がけています。

トレーディングディスク事業も顧客の要望から生まれました。「グーグルの運用をしたいんだ。金田くんにやってほしいんだよ」とおっしゃる顧客に「うちではやっていないので、リスティングの会社を紹介します」とお答えすると「知ってるよ。でも、やってよ。ちゃんとCPA(広告コスト)を守ってくれたらマージンも言い値でいいから」。

まじめにやっていれば、こうやって仕事をいただける機会があるんだ。そう思いつつ、市場を調べたら、本当にニーズがあることがわかったので事業を始めました。

今自分ができることに一生懸命向き合っている人とフルアウトしたい

今後の目標は2つあります。ひとつは国内ナンバーワンを取れる事業を展開すること。もうひとつは世界のロールモデルになる会社になること。2020年までに東南アジアと日本の架け橋になることを短期的な目標とし、2016年3月にベトナム支社を作りました。ベトナムで信用を得て、日本と東南アジア双方向で〝進出したい企業の支援ならフルアウト〟と言われるようになりたいですね。

〝フルアウト〟とは〝妥協なく全力でやり切る〟という意味です。やれることを全部やれば、新しい可能性が生まれます。目の前のことに全力な人、あれこれ言わずに今自分ができることに対して一生懸命向き合っている人と一緒にフルアウトしていきたいですね。

インタビュアーの目線

自由でフランクな人間臭い職場もフルアウトの強みのひとつ。「創業3年目。15名いる社員を2016年中には SEを中心に2倍の30名に増やしたい」と力強く語る金田さんは、「エンジニアと技術の話でコミュニケーションが取れれば、同じ温度感で仕事ができる」との思いから、自身でもプログラミングの教室に通って勉強中。自らの成長に関しても、常にフルアウトです。

おわりに

「アベノミクス以降、売り手市場が続く新卒採用には本当に苦労している」

取材で伺う企業の経営者や人事担当者からは、いつもこんな声が聞こえてきます。それならば、学生側はその波に乗って、さぞかし余裕のある就活をしているのだろうと想像していたのですが、先日、ある学生の話を聞いて驚きました。実際には、余裕とは程遠く、就活ナビサイトからいくつもの企業にエントリーしても、次々と「今回は残念ながら…」という回答ばかり。次第に意気消沈して、すっかり自信をなくしてしまう学生が少なくないと言うのです。

そもそも、ワンクリックの一括エントリー自体、どうやって就活を始めるべきかもわからないまま、何となくTVCMなどで名前を知っていたり、ネット上で頻繁に商品を目にしたりする企業を選択しているにすぎないようで、いわばヴァーチャルで不毛な空中戦なわけです。それは一斉にエントリーすれば、一斉に不採用通知が送られてくるのも仕方ないですよね。

会社は生きている時間の大半を費やす場所であり、自分の人生を楽しくするのもつまらなくするのも、仕事次第。だからこそ、何となくのイメージや、「大企業なら安心」というような曖昧な基準で就職先を決めていては、後で「こんなはずでは」と悔やむリスクは高くなると思います。

後悔しない会社選びのコツは、会社の規模や知名度ではなく、その会社のストーリーに共感を持てるかどうかで判断すること。これは今の時代だからこそ、とても重要なポイントです。

たとえば、「売上が何百億円」というデータよりも、「俺はこんなことを実現したいんだ！」という社長の熱い想いのほうが、直感的にワクワクしませんか。そして、共感できる会社であれば、あなたの個性も生かせるとは思えないでしょうか。

この本からあなたが共感できるストーリーを見つけてもらえたとすれば、心からうれしく思います。

この出版にあたり、多大なご協力をいただいた経営者、広報・人事担当者の皆さまには、ここで改めて御礼を申し上げます。そして、まだまだ出版経験の浅い私たちを導いてくださったベテランエディターの小井沼玉樹さん、久保田雄城さん、明るい笑顔で取材をしてくれた藤巻史さん、桐島満希さん、三穂野希美子さん、高間裕子さん、種市佳子さん、経営者たちの最高の一枚に向けて全力を尽くしてくれたカメラマンの田中振一さん、加藤武美さん、黒崎彰さん、ヘアメイクアップアーチストのみなさん、取材日程をやり繰りし、原稿の取りまとめをしてくれた平泉佑真さん、佐藤早希さん。全27人の取材が無事に完了できたのは、このチームあってのことです。本当にありがとうございました。

最後になりますが、この企画にはたくさんの方から助言もいただきました。お陰様で無事、この本も世に出ることとなりましたことを、心から感謝申し上げます。

2016年4月

リスナーズ株式会社
代表取締役　垣畑 光哉

[インタビュアー]

垣畑光哉（かきはたみつや）
リスナーズ株式会社 代表取締役

立教大学法学部卒業後、外資系金融機関に勤務し、多様なマーケティングを経験。1999年の個人創業を経て、2001年に現・リスナーズ株式会社を創業、代表取締役に就任。以後、広告の企画制作や企業ブランディングに関わる。近年は成長企業トップへの取材による「コーポレートストーリー」のプロデュースに注力し、書籍化された取材は国内外300件を超える。著書に『10年後に後悔しない働き方 ベンチャー企業という選択』『メンター的起業家に訊く 20代に何をする?』（以上幻冬舎）、『これから働くならこれからの会社でしょ』（ダイヤモンド社）など。

自分らしくはたらく
個を生かすベンチャーという選択

2016年4月21日　第1刷発行

著　者――――――――垣畑光哉
発行所――――――――ダイヤモンド社
〒150-8409　東京都渋谷区神宮前6-12-17
http://www.diamond.co.jp/
電話/03-5778-7235（編集）　03-5778-7240（販売）
装丁＆本文デザイン――加藤杏子（ダイヤモンド・グラフィック社）
製作進行――――――――ダイヤモンド・グラフィック社
印刷・製本――――――――ベクトル印刷
編集担当――――――――梶原一義

ISBN 978-4-478-06915-8